氢能源有轨电车运营概论

佛山市轨道交通发展有限公司运营事业总部 ◎ 编

西南交通大学出版社

·成 都·

图书在版编目（CIP）数据

氢能源有轨电车运营概论 / 佛山市轨道交通发展有限公司运营事业总部编. —成都：西南交通大学出版社，2021.11
ISBN 978-7-5643-8345-9

Ⅰ. ①氢… Ⅱ. ①佛… Ⅲ. ①氢能 – 有轨电车 – 运营管理 – 教材 Ⅳ. ①U482.1

中国版本图书馆 CIP 数据核字（2021）第 220071 号

Qingnengyuan Yougui Dianche Yunying Gailun
氢能源有轨电车运营概论

佛山市轨道交通发展有限公司运营事业总部 / 编

责任编辑／赵永铭
封面设计／原谋书装

西南交通大学出版社出版发行
（四川省成都市金牛区二环路北一段 111 号西南交通大学创新大厦 21 楼　610031）
发行部电话：028-87600564　028-87600533
网址：http://www.xnjdcbs.com
印刷：四川森林印务有限责任公司

成品尺寸　185 mm×260 mm
印张　10.5　字数　258 千
版次　2021 年 11 月第 1 版　　印次　2021 年 11 月第 1 次

书号　ISBN 978-7-5643-8345-9
定价　49.00 元

课件咨询电话：028-81435775
图书如有印装质量问题　本社负责退换

佛山市轨道交通发展有限公司运营事业总部
城市轨道交通人才培训系列教材
编委会

本书编审人员

前　言

随着能源革命的深入发展，轨道交通车辆的驱动方式逐步从蒸汽机、内燃机过渡到电动机，供能方式也从煤炭、石油向电力发展。在电气时代，轨道交通的供电方式在电网接触送电的基础上发展出了电容储能和燃料电池发电等新型供电方式。燃料电池发电相对接触送电和电容储能的供电方式有着电力设备投资少和不受牵引供电制约的技术特点，较为适用于行车密度不高的中小运量城市轨道交通。发展氢能源有轨电车是对有轨电车系统的有益补充。氢能源有轨电车的适用性关键表现在运营期，因而在运营阶段发现和掌握运营管理规律是当务之急。

本书根据氢能源有轨电车的运营现状，围绕在运营生产过程中与"氢"直接相关的安全管理、设备维修和运营组织等三项核心业务，在实践的基础上阐述运营阶段的生产业务解决方案，总结运营管理经验。氢能源有轨电车的运营安全管理基于现代有轨电车运营安全管理体系，结合氢能源行业的安全规范，确定安全管理底线，形成有效的企业内部运作准则。设备维保采用行业的传统维保管理模式及技术规范，在涉氢环境和涉氢设备的维修维保工作中依照行业技术标准，采用科学合理的管理方法，规范作业标准、保障安全生产。运营组织将轨道交通运输组织和加氢站运营有机结合，按照有轨电车行业标准开展行车组织、乘务运作、客运管理，针对氢能有轨电车特点对加氢行车组织、涉氢模块故障处理、氢能列车客运管理、加氢站运作等进行专项业务论述，规范细化操作措施。同时，本书通过较充足的案例列举，使广大读者能更充分地了解到氢能有轨电车及其上下游产业的发展应用情况。

我们深知氢能源对推动生产力发展中的重要意义，在产业升级和能源革命的过程中，氢能源有轨电车将为氢能在交通行业运用起到示范带头作用。本书基于理论和实践两方面阐述了氢能源有轨电车的运营管理，将为我们在轨道交通领域更好地探索和应用氢能提供有利条件。

由于编者水平和运营实践有限，如有疏漏和不当之处，敬请读者批评指正。

编　者

2021 年 2 月

目 录

1 有轨电车概述 ·· 1
   1.1 有轨电车概念 ····································· 1
   1.2 有轨电车发展史 ·································· 1
   1.3 国内外有轨电车运营发展现状 ············ 3

2 氢能源概况 ·· 5
   2.1 氢能源概况 ······································· 5
   2.2 氢能技术的发展及现状 ······················ 6

3 氢能源有轨电车 ······································ 14
   3.1 氢能源有轨电车特点 ························ 14
   3.2 氢能源有轨电车技术参数及其优势 ···· 15
   3.3 车辆系统功能介绍 ··························· 17
   3.4 燃料电池的组成及安全特性 ·············· 29

4 车辆基地和加氢站 ·································· 33
   4.1 站场布局 ··· 33
   4.2 房屋建筑 ··· 33
   4.3 工艺设备 ··· 35
   4.4 加氢站 ·· 42

5 土建和机电工程 ······································ 45
   5.1 土建工程 ··· 45
   5.2 机电工程 ··· 53

6 运营组织 ·· 69
   6.1 生产组织 ··· 69
   6.2 运输策划 ··· 72
   6.3 行车组织 ··· 73
   6.4 加氢站运营组织 ······························ 77
   6.5 调度运作 ··· 81
   6.6 乘务组织 ··· 84
   6.7 客运管理 ··· 88

6.8　服务管理 ·· 93

6.9　票务组织 ·· 96

7 **维修管理** ·· 98

7.1　有轨电车设备系统维修管理目的和原则 ·········· 98

7.2　有轨电车设备维修的关键因素 ·················· 98

7.3　有轨电车设备维修的方式和策略 ··············· 101

7.4　有轨电车运营维修管理组织模式 ··············· 103

7.5　有轨电车维修施工组织管理 ··················· 105

7.6　涉氢设施设备维修管理 ······················· 107

7.7　小结 ··· 112

8 **安全管理** ··· 113

8.1　运营安全相关法律法规 ······················· 113

8.2　安全管理模式及其运作 ······················· 113

8.3　应急管理 ····································· 118

8.4　小结 ··· 123

9 **氢能源有轨电车运营管理规范** ····················· 125

9.1　相关定义 ····································· 125

9.2　总体要求 ····································· 127

9.3　行车组织 ····································· 128

9.4　客运组织及服务 ······························· 130

9.5　车辆基地管理 ································· 131

9.6　车辆管理 ····································· 132

9.7　设备设施管理 ································· 133

9.8　土建设施管理 ································· 137

9.9　加氢站管理 ··································· 138

9.10　交通安全设施管理 ··························· 140

9.11　人员管理 ···································· 141

9.12　安全管理 ···································· 142

10 **氢能源有轨电车的可持续发展** ···················· 148

10.1　氢能产业及氢能有轨电车的关系 ·············· 148

10.2　影响氢能有轨电车发展的关键因素 ············ 154

参考文献 ·· 157

有轨电车概述

1.1 有轨电车概念

有轨电车（Tram，Streetcar，Tramcar）是采用电力驱动并在轨道上行驶的轻型轨道交通车辆，是一种公共交通工具，简称电车，属轻轨的一种，在街道行驶占用道路空间。此外，在市区轨道上运行的缆车也可算作有轨电车的一种。有轨电车以电力驱动，车辆不排放废气，是一种无污染的环保交通工具。

1.2 有轨电车发展史

1.2.1 有轨电车的起源

最初的有轨电车是从在轨道上运营的马车开始的。1807 年在英国威尔士出现了世界上第一辆由马匹牵引的客运轨道公交车。后来在美国也出现类似的交通工具，使用马匹、骡子等畜力进行牵引。

1879 年，德国工程师维尔纳·冯·西门子在柏林的博览会上首先尝试使用电力带动轨道车辆。此后，俄国的圣彼得堡、加拿大的多伦多都进行过开通有轨电车的商业尝试。

德国工程师维尔纳·冯·西门子 1881 年在柏林近郊铺设第一条电车轨道，靠一条铁轨通电，另一条铁轨作回路。由于这种线路存在安全风险，于是采用将输电线路架高的方式解决了供电和安全问题。

1884 年，美国人 C.J. 范德波尔在多伦多农业展览会上试用电车运载乘客。他试用的电车采用一根带触轮的集电杆和一条架空触线输电并以钢轨为另一回路的供电方法。1888 年美国人斯波拉格在里士满用上述方法在几条马拉轨道车路线上改用电力牵引车行驶，并对车辆的集电装置、控制系统、电动机的悬挂方法及驱动方式做了改进，于是出现了现代有轨电车。

1887 年，在匈牙利的布达佩斯创立了首个电动电车系统，1888 年美国弗吉尼亚州的里士满也开通了有轨电车。

1890—1920 年是有轨电车在世界范围大发展的时期。在第一次世界大战之前，世界上几乎每一个大城市都有轨电车。虽然这种电车的路轨是固定的，不能让路，在交通拥挤的街上造成诸多不便，巴黎、伦敦和纽约很快废弃了这样的电车，但是，还有许多欧洲大陆上的城市保留了这种有轨电车。

有轨电车在 20 世纪初的欧洲、美洲、大洋洲和亚洲的一些城市风行一时。随着私家汽车、公共汽车及其他路面交通在 1950 年代起的普及，不少有轨电车系统于 20 世纪中叶陆续拆卸。

有轨电车网络在北美、法国、英国、西班牙等地几乎完全消失。但在瑞士、德国、波兰、奥地利、意大利、比利时、荷兰、日本及东欧等国，有轨电车网络仍然保养良好，或者被继续现代化。

当时，世界上主要的"机动化"交通方式是马车交通——马车铁路和马车道路交通。与马车交通相比，有轨电车具有较高的运行速度和可接受的投资，因而很快在世界范围内取代马车交通并迅速发展起来。

1.2.2 有轨电车的快速发展

20 世纪 20～30 年代，全世界掀起有轨电车快速发展的高潮，城市交通由马车时代真正进入有轨电车时代。自从 1881 年第一辆城市有轨电车在德国诞生以来，这种以轨道作为车辆导向的较大运量的客运交通工具迅速得到发展。在 20 世纪 20 年代，仅美国的有轨电车线总长达 25 000 km。1908 年中国第一条有轨电车线在上海建成通车，标志着我国城市公共交通的一个里程碑。1909 年以后在大连、北京、天津、沈阳、哈尔滨、长春等城市都相继修建了有轨电车，到了 30 年代，欧洲、日本、印度和我国的有轨电车有了很大的发展，成为当时城市公共交通的主要交通工具。

1.2.3 有轨电车的衰落

不久随着汽车工业的迅速发展，西方国家私人小汽车数量急剧增长，同时公共汽车也开始发展，机动性更好的公交汽车越来越普遍。由于受当时的技术条件限制，旧式有轨电车行驶在道路中间，与其他车辆混合运行，又受路口红绿灯控制，运行速度很慢，正点率低，而且噪音大，加减速性能较差，有轨电车逐渐被无轨公交车辆所替代。20 世纪 50 年代开始，世界各国大城市都纷纷拆除有轨电车线路。到 60 年代末，我国各大城市的有轨电车线路基本拆完，仅剩下大连、长春个别线路没有拆除，并一直保留至今。

1.2.4 有轨电车的复兴

20 世纪六七十年代，由于汽车数量的过度增加，交通阻塞、行车速度下降、空气污染和噪音严重，成为现代城市发展中面临的主要问题。为解决以上问题，世界各大城市开始大力发展地下铁道。但是地下铁道投资昂贵、建设周期长。西方一些经济发达的国家在人口密集的城市，为满足城市公共交通客运量日益增长的需要，并结合城市不同区域运量区别，除考虑修建地下铁道外，又重新把注意力转移到地面轨道交通方式上来。随着近年来环境和能源问题的不断突出，在西方发达国家城市兴起了恢复和建设有轨电车的高潮，目前仅法国就有十多个城市拥有有轨的电车，有二十多个城市的线路正在建设中，建设里程和规模已远远超过地铁，而且发展趋势也丝毫不减。在欧洲的大中城市中，有轨电车已成为城市中非常普及的公共交通工具。

城市轨道交通的发展根据城市特征和运量，采取具有不同运能、不同成本的轨道交通模式，在改造旧式有轨电车的基础上，利用现代技术改造和发展有轨电车系统，开发具有低噪音、低震动、能高速运行的高性能有轨电车，并考虑与城市的整体环境相协调，出现了现代有轨电车系统。到 20 世纪 80 年代，国际上一些大城市已相继建成了现代化技术很高的现代有轨电车系统。例如，法国的南特市，城市人口约 45 万，1984 年建成一条自东向西穿过市区的现代有轨电车线路，也是法国首次建成的第一条现代有轨电车系统。香港地区为了配合新界西部的经济发展，修建了屯门至元朗的现代有轨电车线路。

现代有轨电车的特点是具有高速性能，制动及加减速性能好，低噪音、低震动，对周围环境影响小，同时由于车辆技术的改善，舒适度得到了加强。不论是从既有的有轨电车发展而来还是新建，与建设地下铁道相比，其造价低廉。所以近年来许多城市把注意力投到现代有轨电车系统上来。在线路结构上，也采用了降噪声技术措施。在速度要求较高的线路上，采用专用车道与繁忙道路交叉处进入半地下或高架，做到互不影响。

1.3 国内外有轨电车运营发展现状

1.3.1 国外有轨电车现状

欧洲作为有轨电车的诞生地，其城市历史悠久、人口密集，有着发展有轨电车的良好条件。目前欧洲各国的大中城市中，有轨电车的运营里程数已经超过 9 000 km。在欧洲的现代有轨电车线路定位如下：

1. 作为大中城市公共交通的骨干网络

在欧洲一些 50 万～200 万人口的大中城市，现代有轨电车在城市公共交通系统里占据着举足轻重的位置。例如克罗地亚的首都萨格勒布，人口约为 77 万人，总面积约为 1 291 km²，目前拥有 15 条日线和 4 条夜线有轨电车，全网络长 142 km，日客流量可达 56 万人次。其线路车站的典型特点是一个站点普遍有 3 条及以上线路停靠。

2. 在大城市与地铁、公共汽车相互补充

在欧洲人口基数大的大型城市中，地铁、有轨电车、公共汽车形成有层次的立体公共交通网络，地铁、轻轨等形式构建城市公共交通的主体骨架，有轨电车和公共汽车来弥补"最后 1 公里出行"问题。

例如，荷兰的鹿特丹，RET 公司负责主要公共交通服务，运营着 5 条地铁线、11 条有轨电车线和 35 条公共汽车线路，日发送旅客超过 60 万人。

德国首都柏林，居民汽车保有量（358 辆/1 000 人）远低于德国平均水平（570 辆/1 000人），原因即在于其庞大的公共交通系统。德国公交系统主要包括 U-Bahn（地铁）、S-Bahn（城市快速列车）、Tram（有轨电车）、Bus（公共汽车），其主要运营者为 DB 和 BVG 两家公司。柏林的有轨电车系统有 22 条线路、173 个站点，总运营里程 147 km，高峰时期柏林的有轨电车数量达到 1 000 辆，随后低地板大运量的新型有轨电车开始引入，现保有 600 辆左右。

3. 作为中小城市的快速联络线

欧洲一些中小城市在 21 世纪初开始建设有轨电车线路。例如法国的蒙彼利埃，城区人口只有约 25 万人，总面积为 57 km²，于 2000 年建成第一条有轨电车 L1 线，之后又逐步建成通车了 L2、L3、L4 有轨电车线路。

1.3.2 国内有轨电车现状

中国城市轨道交通协会《2018 年城市轨道交通行业统计报告》报告显示，截至 2018 年年末，我国（不含港澳台地区）共计 14 个城市开通有轨电车并投入运营，开通线路共 25 条。已开通城轨交通包括地铁、轻轨、单轨、市域快轨、现代有轨电车、磁浮交通、APM（自动旅客捷运系统）七种制式，其中，现代有轨电车 328.7 km，占比 5.7%。

1. 我国首个现代有轨电车网络

2013 年 8 月 6 日，我国首个现代有轨电车网络沈阳浑南现代有轨电车开始投入运营。线网由 4 条线路组成，主要连接城区、机场、车站等地区，全长约为 60 km。车辆采用中车长客股份研制的 70%和 100%低地板现代有轨电车，并且利用"无承力索柔性牵引网+超级电容"技术。

2. 世界首例超级电容 100%低地板有轨电车

广州海珠有轨电车示范线采用的纯超级电容 100%低地板有轨电车在世界上属首创。车辆运行全靠车载超级电容技术，到站充电，站间不设充电桩，具有节约架空接触网、符合城市美观等优势。

武汉有轨电车采用的 48 度电的超级电容，可以满足隔站充电需求，是目前全球投入有轨电车车辆的最大储电量。

3. 有轨电车首次与氢能源相结合

2013 年西南交通大学研制成功第一辆氢燃料电动机车。中车青岛四方机车车辆股份有限公司、中车唐山机车车辆有限公司于 2015 年和 2016 年先后研制了氢燃料电池超级电容混合动力的有轨电车。广东省高明区有轨电车采用氢燃料电池供电方式，于 2019 年底建成通车。

4. 我国现代有轨电车市场规模

现代有轨电车在运行控制、车辆技术、牵引供电、通信、信号等方面都有了大的质变。其运量大、舒适安全、快速便捷、节能降噪、环保零污染、造价低的特点日益彰显，在国内外都受到推崇。

自 2012 年之后，我国建设和规划庞大的现代有轨电车市场。最新市场调研统计发现，目前我国有近百座城市提出建设有轨电车的意见和规划，超过 40 座城市已经开始行动，形成巨大的市场需求。城市轨道交通继地铁、轻轨之后，又掀起新一轮的发展热潮。

根据不完全统计，至 2020 年，我国有轨电车规划超过 2 600 km，工程总投资超过 3 000 亿元，车辆市场需求达 600 亿元。

氢能源概况

2.1 氢能源概况

2.1.1 氢气的来源

氢（H），在元素周期表中位于第 1 位，广泛存在于自然界。氢气不是一次能源，自然界中不存在纯氢，只能通过分解含氢化合物得到，地球上最多的含氢化合物就是水。目前氢气的来源主要有以下几种方式：电解水制氢、水煤气法制氢、由石油热裂的合成气和天然气制氢、焦炉煤气冷冻制氢、电解食盐水的副产氢、酿造工业副产、铁与水蒸气反应制氢等。

2.1.2 氢能的利用

氢能利用形式多，既可以通过燃烧产生热能，在热力发动机中产生机械功，又可以作为能源材料用于燃料电池，燃料包分离氢后产生电流，而经分离后析出的氢与空气中的氧产生 H_2O（水）。表 2-1 给出了目前氢能在化工、冶金、电子、浮法玻璃、精细有机合成、航空航天、交通运输、家庭民用、供热、供电等方面的一些应用。其中用量最大的是合成氨，世界上大约 60% 的氢是用在合成氨上，我国的比例更高，约占总消耗量的 80% 以上。

表 2-1　氢在各领域的应用

动力源	用途	设备
燃料电池	移动电源	移动电源、移动电子机器电源（直接甲醇型、甲醇改质型、纯氢型、紧急用电源）
燃料电池	热电联产	家庭/商业用燃料电池（燃料改质型、纯氢型）
燃料电池	交通工具	普通汽车、货物运输汽车、公共汽车、特殊汽车（垃圾收集车、铲车、电动汽车等）车用辅助电源 火车、机车、磁悬浮超高速列车 小型内航船、渡船、快艇、游览船、潜水艇、渔船、海底勘探船、船舶用辅助电源 飞机用辅助电源、宇航用电源
燃料电池	小型民用机器（移动体）	轮椅车、小型摩托车、摩托车、自行车、三轮车、高尔夫球车、微型汽车
热装置	发动机	轿车、公共汽车、铲车、特殊汽车、热电联产系统、紧急用电源、船舶、机车

动力源	用途	设备
热装置	大容量发电	氢涡轮发动机
燃烧器	宇宙航空	火箭
原料	化工	合成氨、乙炔、甲烷、肼反应器
燃烧和还原	电子工业	光导纤维、半导体、大规模集成电路生产线
燃烧和还原	冶金	炼铁、化工还原、特种钢材冶炼炉
热装置	其他	取暖、烹饪、黄金焊接、气象气球探测、食品工业、发电、航行器等

2.1.3 氢能的特点

氢位于元素周期表之首，它的原子序数为 1。在常温常压下为气态，在超低温高压下可成为液态。作为能源，氢有以下特点：

（1）所有元素中，氢质量最轻。在标准状态下，它的密度为 0.089 9 g/L；温度-252.87 ℃时，氢气可转变成无色的液体；-259.1 ℃时，变成雪状固体。

（2）所有气体中，氢气的导热性最好，比大多数气体的导热系数高出 10 倍，因此，在能源工业中氢是很好的传热载体。

（3）氢是自然界存在最普遍的元素，据估计它构成了宇宙质量的 75%，除空气中含有氢气外，它主要以化合物的形态贮存于水中，而水是地球上最广泛的物质。

（4）除核燃料外氢的发热值是所有化石燃料、化工燃料和生物燃料中最高的，为 142 351 KJ/kg，是汽油发热值的 3 倍。

（5）氢燃烧性能好、点燃快，与空气混合时有广泛的可燃范围，而且燃点高、燃烧速度快。

（6）氢本身无毒，与其他燃料相比氢燃烧时最清洁，除生成水和少量氨气外不会产生诸如一氧化碳、二氧化碳、碳氢化合物、铅化物和粉尘颗粒等对环境有害的污染物质，少量的氨气经过适当处理也不会污染环境，而且燃烧生成的水还可继续制氢，反复循环使用。

（7）氢可以以气态、液态或固态的氢化物出现，能适应贮运及各种应用环境的不同要求。

（8）常温下，氢气的性质很稳定，不易跟其他物质发生化学反应。当条件改变时（如点燃、加热、使用催化剂等）其化学性质发生变化，如氢气被钯或铂等金属吸附后具有较强的活性（特别是被钯吸附），金属钯对氢气的吸附作用最强。当空气中的体积分数为 4%~75%时，遇到火源可引起爆炸。

2.2 氢能技术的发展及现状

2.2.1 政策规划

美国、日本、德国等世界主要发达国家高度重视氢能的发展，已将氢能上升到国家能源战略高度，持续不断地加大对氢能的研发和产业扶持力度。我国也十分重视氢能技术的开发，国家各部委逐步推出氢能源规划政策，助力氢能产业的发展。

2006 年 9 月，国务院印发的《国家中长期科学和技术发展规划纲要（2006—2020 年）》

提出，我国要重点研究高效低成本的化石能源和可再生能源制氢技术，经济高效氢储存和输配技术，燃料电池基础关键部件制备和电堆集成技术，燃料电池发电及车用动力系统集成技术，形成氢能和燃料电池技术规范与标准。

2014 年 6 月，国务院印发《能源发展战略行动计划（2014—2020 年）》（国办发〔2014〕31 号），明确增强能源自主保障能力、推进能源消费革命、优化能源结构、拓展能源国际合作和推进能源科技创新。氢能与燃料电池作为 20 个能源科技创新战略方向和重点之一被列入其中。

2015 年 5 月，国务院印发《中国制造 2025》（国发〔2015〕28 号），关于节能与新能源汽车方面，支持电动汽车、燃料电池汽车发展，掌握汽车低碳化、信息化、智能化核心技术，提升动力电池、驱动电机、高效内燃机、先进变速器、轻量化材料、智能控制等核心技术的工程化和产业化能力，形成从关键零部件到整车的完整工业体系和创新体系，推动自主品牌节能与新能源汽车同国际先进水平接轨。

2016 年 4 月，国家发改委、国家能源局印发《能源技术革命创新行动计划（2016—2030 年）》（发改能源〔2016〕513 号），细化氢能与燃料电池技术创新的研究方向，需基于可再生能源及先进核能的制氢技术、新一代煤催化气化制氢和甲烷重整/部分氧化制氢技术、分布式制氢技术、氢气纯化技术，开发氢气储运的关键材料及技术设备，实现大规模、低成本氢气的制取、存储、运输、应用一体化，以及加氢站现场储氢、制氢模式的标准化和推广应用。研究氢气/空气聚合物电解质膜燃料电池（PEMFC）技术、甲醇/空气聚合物电解质膜燃料电池（MFC）技术，解决新能源动力电源的重大需求，并实现 PEMFC 电动汽车及 MFC 增程式电动汽车的示范运行和推广应用，研究燃料电池分布式发电技术，实现示范应用并推广。

2016 年 5 月，中共中央、国务院发布《国家创新驱动发展战略纲要》，战略任务部分提出，发展引领产业变革的颠覆性技术，不断催生新产业、创造新就业。高度关注可能引起现有投资、人才、技术、产业、规则"归零"的颠覆性技术，前瞻布局新兴产业前沿技术研发，力争实现"弯道超车"。开发移动互联技术、量子信息技术、空天技术，推动增材制造装备、智能机器人、无人驾驶汽车等发展，重视基因组、干细胞、合成生物、再生医学等技术对生命科学、生物育种、工业生物领域的深刻影响，开发氢能、燃料电池等新一代能源技术，发挥纳米、石墨烯等技术对新材料产业发展的引领作用。

2016 年 11 月，国务院印发的《"十三五"国家战略性新兴产业发展规划》（国发〔2016〕67 号）提出，系统推进燃料电池汽车研发与产业化要加强燃料电池基础材料与过程机理研究，推动高性能低成本燃料电池材料和系统关键部件研发。加快提升燃料电池堆系统可靠性和工程化水平，完善相关技术标准。

2020 年 3 月，发改委、司法部印发《关于加快建立绿色生产和消费法规政策体系的意见》，对于促进能源清洁发展方面，要求加大对分布式能源、智能电网、储能技术、多能互补的政策支持力度，研究制定氢能、海洋能等新能源发展的标准规范和支持政策。意见明确提出，在 2021 年完成对氢能立法。

2020 年 4 月，国家能源局发布《中华人民共和国能源法（征求意见稿）》，氢能正式纳入能源定义。

2020 年 6 月，十三届全国人大三次会议审议的我国经济和社会发展报告中，"制定国家氢能产业发展战略规划"成为 2020 年主要任务之一。

随着氢能政策规划密集发布，说明国内不断助力发展氢能产业。氢能产业涵盖氢气制备、储运、加氢基础设施、燃料电池及其应用等诸多环节，链条较长，与世界主要发达国家相比，仍有一定差距，但国内呈现的产业化态势是全球领先的，逐步显露出以下三个显著特点：

（1）能源与制造大型骨干企业加速布局。与国外产业巨头积极介入氢能与燃料电池领域不同，中国氢能及燃料电池产业发展初期以中小企业、民营企业为主，能源与制造业大型骨干企业的介入程度有限。随着氢能在中国能源战略地位进一步提升，大型骨干企业将积极踊跃地布局氢能产业。

（2）基础设施薄弱，有待集中突破。产业链企业主要分布在燃料电池零部件及应用环境，氢能储运及加氢基础设施发展薄弱，成为"卡脖子"环节。氢能制储、加氢基础设施、燃料电池及应用三个环节占比分别为 48.5%、9.7%、41.8%。预计 2030 年中国加氢站数量将分别达到 1 500 座，整体规模将位居全球前列。

（3）区域产业集聚效应显著。近年来，北京、上海、广东、江苏、山东、河北等地纷纷依托自身资源优势，发布地方氢能发展规划，并先行先试推动氢能及燃料电池产业化进程。目前，上述六省市产业链相关企业合计占全国规模以上企业总数的 51%。2018 年，广东、北京、河北三地的燃料电池车销售量全国占比高达 79.56%。

2.2.2 氢气制备

目前，中国工业制氢主要有三种较为成熟的技术路线：一是以煤炭、天然气为代表的化石能源重整制氢；二是以焦炉煤气、氯碱尾气、丙烷脱氢为代表的工业副产气制氢；三是电解水制氢，年制氢规模占比约 3%。生物质直接制氢和太阳能光催化分解水制氢等技术路线仍处于实验和开发阶段，产收率有待进一步提升，尚未达到工业规模制氢要求。

1. 化石能源重整制氢

自然界中化石能源如煤、石油和天然气均含有碳，在高温下利用碳的还原性可以与水发生重整反应制备氢气。由于化石能源储量大、价格低廉，因此，化石能源的重整反应是工业上制备大量氢气的主要方法。

（1）煤的蒸汽重整。

让水蒸气通过炽热的焦炭，可以通过水煤气反应得到合成气。

$$C+H_2O \rightarrow H_2+CO$$

这个反应是吸热的，因此需要交替地向炉中鼓入空气和水蒸气，通过焦炭燃烧产生的热量维持反应温度。

以技术成熟、成本较低的煤气化技术为例，每小时产能为 54 万立方米合成气的装置，在原料煤（6000 大卡，含碳量 80% 以上）价格 600 元/吨情况下，氢气制备成本约为 8.85 元/kg。

（2）甲烷的蒸汽重整。

甲烷和水蒸气在高温下反应可以得到 H_2、CO 和 CO_2 的混合气体：

$$CH_4+H_2O \rightarrow CO+3H_2$$

$$CO+H_2O \rightarrow CO_2+H_2$$

该反应在 1 100 ℃ 左右进行，是吸热反应，通常热量通过燃烧天然气中的 CH_4 提供。得到的是 H_2、CO 和 CO_2 的混合气体，可以通过提纯得到纯的 H_2。另一方面，该混合气体中各组分的相对含量可以通过反应温度和反应物比例来控制，可以在催化剂作用下制备得到液体燃料如 CH3OH 和汽油等。

天然气（甲烷为主要成分）制氢技术中，蒸汽重整制氢较为成熟，是国外主流制氢方式。因为中国具有"富煤、缺油、少气"的资源特点，且天然气原料占制氢成本的比重达 70%以上，天然气价格基本决定制氢价格，故国内仅有少数地区可以探索开展该技术路线。

为控制氢气制备环节的碳排放，化石能源重整制氢需结合碳捕集与封存技术（CCS）。CCS作为一项有望实现化石能源大规模低碳利用的新技术，是中国未来减少二氧化碳排放、保障能源安全和实现可持续发展的重要手段。根据《中国碳捕集利用与封存技术发展路线图》规划，当前国内 CCS 成本在 350～400 元/吨，2030 年和 2050 年分别控制在 210 元/吨和 150 元/吨。结合煤制氢路线单位生产二氧化碳的平均比例，增加 CCS 后上文设定条件下煤制氢成本约增加至 15.85 元/kg。当前国内 CCS 技术尚处于探索和示范阶段，需要通过进一步开发技术来推动能耗和成本的下降，并开拓二氧化碳的利用渠道。

2. 工业副产提纯制氢

工业副产氢气主要分布在钢铁、化工等行业，提纯利用其中的氢气，既能提高资源利用效率和经济效益，又可降低大气污染，改善环境。

中国是全球最大的焦炭生产国，每吨焦炭可产生焦炉煤气 350～450 m³，焦炉煤气中氢气含量占 54%～59%。除用于回炉阻燃、城市煤气、发电和化工生产外，剩余部分可采用变压吸附（PSA）提纯技术制取高纯氢。中国烧碱年产量基本稳定在 3 000 万～3 500 万吨，副产氢气 75 万～87.5 万吨。其中约 60%的氢气被配套聚氯乙烯和盐酸利用，剩余 28 万～34 万吨。甲醇和合成氨工业、丙烷脱氢（PDH）项目的合成气含氢量在 60%～95%，可通过纯化技术制取满足燃料电池应用的氢气。中国甲醇产能为 8 351 万吨/年，甲醇驰放气有上百亿立方，含氢气数十亿 m³。中国合成氨生产能力约 1.5 亿吨/年，每吨合成氨将产生 150～250 m³ 的驰放气，可回收氢气约 100 万吨/年。中国已建和在建 PDH 项目 17 个，副产含氢约 37 万吨/年。

目前，工业副产氢的提纯成本在 0.3～0.6 元/kg，考虑副产气体成本后的综合成本约在 10～16 元/kg。工业副产提纯制氢可提供百万吨氢气供应，能为氢能产业发展初期就近提供低成本、分布式氢源。但该路线同样面临碳捕捉封存问题，从长期来看，钢铁、化工等工业领域需要引入无碳制氢技术替代化石能源实现深度脱碳，将氢气供给方转变为需求方。

3. 电解水制氢

目前，电解水制氢技术主要有碱性水电解槽（AE）、质子交换膜水电解槽（PEM）和固体氧化物水电解槽（SOE）。其中，碱性电解槽技术最为成熟，生产成本较低，国内单台最大产气量为 1 000 m³/h；质子交换膜电解槽流程简单，能效较高，国内单台最大产气量为 50 m³/h，但因使用贵金属催化剂等材料，成本较高，固体氧化物水电解槽采用水蒸气电解，高温环境下工作，能效最高，但尚处于实验室研发阶段。

电解水制氢具有绿色环保、生产灵活、纯度高（通常在 99.7%以上）以及副产高价值氧气等特点，但其单位能耗在 4～5 kW·h/立方氢，制氢成本受电价影响很大，电价占总成本 70%以上。若采用市电生产，制氢成本为 30～40 元/kg，且考虑火电占比较大，依旧面临碳排放问题。一般认为当电价低于 0.3 元/kW·h（利用"谷电"电价），电解水制氢成本会接近传统化石能源制氢。按照当前中国电力的平均碳强度计算,电解水制得 1 kg 氢气的碳排放为 35.84 kg,是化石能源重整制氢单位碳排放的 3 ~ 4 倍。

未来,可再生能源发电制氢的潜力很大。一方面,作为全周期碳排放技术,随着可再生能源发电平价上网,电解水制氢成本将持续下降,尤其是近期局部区域弃风、弃光、弃水及弃核制氢的经济性较为突出,可提供制氢量约为 263 万吨/年。另一方面,当波动性可再生能源在电源结构中占到较高比重时,单纯依靠短周期(小时级)储能将无法满足电力系统稳定运行需要,日间、月度乃至季节性储能将是实现高渗透率可再生能源调峰的主要手段。国家发展和改革委员会与国家能源局先后发文,支持高效利用廉价且丰富的可再生能源制氢。四川、广东等地纷纷给予电价支持政策,电解水制氢最高电价限定为 0.3 元/kW·h 和 0.26 元/kW·h。

2.2.3　氢气储运

1. 氢气储存技术

目前,氢的储存主要有气态储氢、液态储氢和固态储存三种方式。高压气态储存已得到广泛应用,低温液态储氢在航天等领域得到应用,有机液态储氢和固态储氢尚处于示范阶段。

（1）气态储氢。

高压气态储氢容器主要分为铬钼钢制金属瓶（Ⅰ型）、钢制内胆纤维环向缠绕瓶（Ⅱ型）、铝内胆纤维全缠绕瓶（Ⅲ型）及塑料内胆纤维全缠绕瓶（Ⅳ型）4 种类型（见表 2-2）。

由于高压气态储氢容器Ⅰ型、Ⅱ型储氢密度低、安全性能差,难以满足车载储氢密度要求;而Ⅲ型、Ⅳ型瓶由内胆、碳纤维强化树脂层及玻璃纤维强化树脂层组成,明显减少气瓶质量,提高单位质量储氢密度。因此,车载储氢瓶大多使用Ⅲ型、Ⅳ型两种容器。

Ⅲ型瓶以锻压铝合金为内胆,外面包覆碳纤维,使用压力主要有 35 MPa、70 MPa 两种。中国车载储氢中主要使用 35 MPa 的Ⅲ型瓶,中国 70 MPa 瓶Ⅲ型的使用标准《车用压缩氢气铝内胆碳纤维全缠绕气瓶》（GB T35544—2017）已经颁布,并开始在轿车中小范围应用。

表 2-2　储氢瓶类型

类型	Ⅰ型瓶	Ⅱ型瓶	Ⅲ型瓶	Ⅳ型瓶
材质	铬钼钢	钢制内胆 纤维环向缠绕	铝内胆 纤维全缠绕	塑料内胆 纤维全缠绕
工作压力/MPa	17.5 ~ 20	26.3 ~ 30	30 ~ 70	30 ~ 70
应用情况	加氢站等固定式储氢应用		国内车载	国际车载

虽然高压气态储氢技术比较成熟、应用普遍,但是该技术存在体积比容量小的劣势,未来,高压气态储氢还需向轻量化、高压化、低成本、质量稳定的方向发展。

（2）液态储氢。

液态储氢具有储氢密度高等优势,可分为低温液态储氢和有机液态储氢。

低温液态储氢技术优势在于具有很高的密度,体积比容量大,体积占比小,能够使得储运简单。劣势在于,把气态的氢变成液态的氢较难,要液化 1 kg 的氢气就要消耗 4 ~ 10 kW·h 的电量。并且,为了能够稳定地储存液态氢,需要耐超低温和保持超低温的特殊容器,该容器需要抗冻、抗压,且必须严格绝热。因此,这种容器除了制造难度大,成本高昂之外,还存在易挥发、运行过程中安全隐患多等问题。

目前，低温液态储氢已应用于车载系统中，在全球的加氢站中有较大范围的应用。但是在车载系统中的应用不成熟，存有安全隐患。液氢加氢站在日本、美国及法国市场比较多，目前全球大约有三分之一以上的加氢站是液氢加氢站。虽然如此，但我国的液氢工厂仅为航天火箭发射服务，受法规所限，还无法应用于民用领域，并且受限于技术，国内的应用成本很高。

有机液态储氢利用某些不饱和有机物（如烯烃、炔烃或芳香烃）与氢气进行可逆的加氢和脱氢反应，实现氢的储存和利用。加氢后形成的液体有机氢化物性能稳定，安全性高，储存方式与石油产品相似。但存在反应温度较高、脱氢效率较低、催化剂易被中间产物毒化等问题。国内已有燃料电池客车车载储氢示范应用案例。

（3）固态储氢。

固态储氢是以金属氢化物、化学氢化物或纳米材料等作为储氢载体，通过化学吸附和物理吸附的方式实现氢的储存。固态储氢具有储氢密度高、储氢压力低、安全性好、放氢纯度高等优势，其体积储氢密度高于液氢。但主流金属储氢材料重量储氢率仍低于 3.8wt%，重量储氢率大于 7wt% 的轻质储氢材料还需解决吸放氢温度偏高、循环性能较差等问题。国外固态储氢已在燃料电池潜艇中商业应用，在分布式发电和风电制氢规模储氢中得到示范应用，国内固态储氢已在分布式发电中得到示范应用。

2. 氢气输运技术

氢气的输运方式主要有气态输运、液态输运和固态输运三种方式（见表 2-3）。

（1）气态输运。

高压氢气利用集装格、长管拖车和管道等工具输送。集装格由多个水容积为 40 L 的高压氢气钢瓶组成，充装压力通常为 15 MPa，每瓶氢气质量约 0.5 kg。集装格运输灵活，对于需求量较小的用户，这是非常理想的运输方式。长管拖车由车头和拖车组成。长管拖车到达加氢站后，车头和管束拖车可分离，所以管束也可用作辅助储氢容器。目前常用的管束一般由 9 个直径约为 0.5 m、长约 10 m 的钢瓶组成，其设计工作压力为 20 MPa，约可充装氢气 3 500 Nm³。管束内氢气利用率与加氢站氢气压缩机的吸入压力有关，为 75% ~ 85%。长管拖车运输技术成熟，规范完善，因此，国内外较多加氢站都采用长管拖车运输氢气。

氢气也可通过管道输运，实现氢气大规模、长距离运输。管道运行压力一般为 1.0 ~ 4.0 MPa，具有输氢量大、能耗小和成本低等优势，但建造管道一次性投资较大。美国已有 2 500 km 的输氢管道，欧洲已有 1 598 km 的输氢管道，我国则仅有 100 km 的输氢管道。在初期可积极探索掺氢天然气方式，以充分利用现有管道设施。

（2）液氢输运。

液氢的体积密度是 70.8 kg/m³，体积能量密度达到 8.5 MJ/L，是气氢 15 MPa 运输压力下的 6.5 倍，将氢气深冷至 21 K（-252.15 ℃）液化后，再利用槽罐车或者管道运输可大大提高运输效率。所以，液氢输运适用于距离较远、运输量较大的场合。其中，液氢罐车可运 7 吨氢，铁路液氢罐车可运 8.4 ~ 14 吨氢，专用液氢驳船的运量可达 70 吨。

在特别的场合，液氢也可用专门的液氢管道输送，由于液氢是一种低温（-252.15 ℃）的液体，其存储的容器及输送液氢管道都需要高度的绝热性能。即使如此，还会有一定的冷量损耗，所以管道容器的绝热结构就比较复杂。液氢管道一般只适用于短距离输送。

（3）固态输运。

轻质储氢材料（如镁基储氢材料）兼具高的体积储氢密度和重量储氢率，作为运氢装置具有较大潜力。当低压高密度固态储罐仅作为随车输氢容器使用时，加热介质和装置固定放置于充氢和用氢现场，可以同步实现氢的快速充装及其高密度、高安全输运，提高单车运氢量和运氢安全性。

表 2-3　氢不同输运方式的技术比较

储运方式	运输工具	压力/MPa	载氢量/（kg/车）	体积储氢密度/（kg/m³）	质量储氢密度/wt%	成本/（元/kg）	能耗/（kW·h/kg）	经济距离/km
气态储运	长管拖车	20	300~400	14.5	1.1	2.02	1~1.3	≤150
	管道	1~4	—	3.2	—	0.3	0.2	≥500
液态储运	液氢槽罐车	0.6	7000	64	14	12.25	15	≥200
固态储运	货车	300~400	300~400	50	1.2	—	10~13.3	≤150
有机液体储运	槽罐车	常压	2000	40~50	4	15	—	≥200

2.2.4　加氢基础设施

加氢基础设施是氢能利用和发展的中枢环节，是为燃料电池车充装燃料的专门场所。不同来源的氢气经氢气压缩机增压后，储存在高压储罐内，再通过加氢机为氢燃料电池车加注氢气。

1. 加氢基础设施类别

根据氢气来源不同，加氢站分为外供氢加氢站和站内制氢加氢站两种。外供氢加氢站通过长管拖车、液氢槽车或管道输运氢气至加氢站后，在站内进行压缩、存储、加注等操作。站内制氢加氢站是在加氢站内配备制氢系统、制得的氢气经纯化、压缩后进行存储、加注。站内制氢包括水电解制氢、天然气重整制氢等方式，可以省去较高的氢气运输费用，但是会增加加氢站系统复杂程度和运营水平。因氢气按照危化品管理，制氢站只能放在化工园区，尚未有站内制氢加氢站。

根据加氢站内氢气储存相态不同，加氢站有气氢加氢站和液氢加氢站两种。全球 369 座加氢站中，30%以上为液氢储运加氢站，主要分布在美国和日本。相比气氢储运加氢站，液氢储运加氢站占地面积小，同时液氢储存量更大，适宜大规模加氢需求。

根据供氢压力等级不同，加氢站有 35 MPa 和 70 MPa 压力供氢两种，用 35 MPa 压力供氢时，氢气压缩机的工作压力为 45 MPa，高压储氢瓶工作压力为 45 MPa；用 70 MPa 供氢时，氢气压缩机的工作压力为 98 MPa，高压储氢瓶工作压力为 87.5 MPa。

中国加氢站的等级划分见表2-4。

表2-4 中国加氢站的等级划分

等级	储氢罐容量/kg	
	总容量（G）	单罐容量
一级	$4\,000 < G \leqslant 8\,000$	$\leqslant 2\,000$
二级	$1\,000 < G \leqslant 4\,000$	$\leqslant 1\,000$
三级	$G \leqslant 1\,000$	$\leqslant 500$

2. 国内加氢站布局

截至2020年12月底，中国累计建成118座加氢站（不含3座已拆除加氢站），其中建成的加氢站已投入运营101座，待运营17座，投用比例超过85%。此外，中国在建/拟建的加氢站数量达到167座。多数加氢站的规划设计、工艺流程及设备配备、氢源选择、自动控制系统等尚不能满足商业化运营要求，耐久性验证较少。随着相关政策逐渐完善、技术标准逐步规范、装备技术不断进步，中国加氢站建设将进入快速发展阶段。

国内加氢站建设成本较高，其中设备成本约占70%。根据测算，不含土地费用（因加氢站土地需要商业用地，各地价格差异较大），国内建设一座日加氢能力500 kg、加注压力为35 MPa的加氢站需要1 200万元/月，约相当于传统加油站的3倍。对于商业化运营的加氢站，除建设成本外，还面临设备维护、运营、人工、税收等费用，折合加注成本在13～18元/kg。随着氢气加注量的增大或通过加油/加氢、加气/加氢合建，单位加注成本会随之下降。

氢能源有轨电车

氢能源动力有轨电车采用氢燃料电池作为动力源，全线无接触网、变电所等系统，既能解决常规有轨电车需要架设接触网的问题，又能破解普通储能式有轨电车续航里程短的瓶颈。氢能源有轨电车采用氢燃料电池作为动力源，它的功能相当于一个"发电机组"，即在车载氢燃料电池堆里，通过氢和氧相结合的化学反应产生电流，源源不断输送电能，驱动电车。氢燃料电池具有高效、高能量密度的突出优势，车辆一次加满氢只需要 10 分钟，可持续行驶 80 ～ 100 km。由于氢能源有轨电车的绿色环保、无污染特点与国家正在推行的大政策方向一致，国内各地方政府均表现出对氢能源有轨电车的极大兴趣。

3.1　氢能源有轨电车特点

有轨电车适用于中低运量非快速城市地面轨道交通，作为中心城区骨干线路之间的加密线以及补充运力线，具有建设周期短、造价低、性价比高等特点，满足小区域骨干公交的需求，并且，氢能源有轨电车实现无接触网供电，提高列车外形美观性，提升城市品质和形象，同时氢能源有轨电车动力源反应过程唯一产物是水，达到真正的"零"排放，实现低碳绿色环保。

1. 运量适中

氢能源有轨电车的运量适中，能有效填补常规公交与地铁之间的运能空白。

2. 绿色环保

噪音小：氢能源有轨电车采用大量隔音材料、消音材料和消音器等设施，氢能源有轨电车行驶时噪音比公路交通运输低 5 ～ 10 dB。

零排放：氢能源有轨电车采用氢燃料电池为动力源，提供电力供牵引，减少温室气体排放，实现节能减排、低碳环保。

3. 舒适美观

舒适度大：大窗台、对开门、与站台同高度的低地板设计等，乘客进出列车方便快捷，乘坐视野宽阔。

外形美观：无接触网供电设计、LED 照明系统等，融入诸多科技元素有效提升列车的整体观赏性。

4. 性价比高

与地铁项目相比较，氢能源有轨电车造价低，建设周期快，转向更灵活，最小转弯半径约为 25 m，适合城市道路运行，路权形式多样，减少拆迁和用地规模。

3.2 氢能源有轨电车技术参数及其优势

国内首条商业运营的氢能源有轨电车车辆是中车四方股份在传统有轨电车基础上引进斯柯达技术进行彻底的设计革新，实现真正意义上的污染"零"排放。走行部件方面不仅继承传统有轨电车钢轮钢轨的制式，而且引入弹性车轮技术，起到提高缓冲的作用，增加行驶平稳性，降低轮轨噪音，动力和非动力转向架采用独立旋转车轮，降低了车辆入口处的地板面，整个车辆内部可以达到 100%低地板，改善乘客的上下车条件。动力性能方面电气传动系统采用 VVVF（变频调速）控制技术、牵引实时算法技术，制动系统采用再生、液压、磁轨等多种制动方式，车辆牵引、制动性能大幅度提升。供电方式采用大功率燃料电池，能够很好地实现与周边环境的协调。载客能力方面实现模块化组装，不仅可以根据客流需求增减车辆模块，必要时还可以两列车连挂运行，提高了系统的运输能力。此外氢能源有轨电车车辆无论从外形还是涂装上都进行改善，车辆可以根据城市的特征对车辆外观造型进行专门设计。

3.2.1 对比分析

新型有轨电车相对于传统有轨电车，采用模块化设计、铰接车体、变频调速、新型供电制式、信号控制、车地通信等新技术，安全性和乘坐舒适度大大提高，再加上节能环保，近年来备受用户青睐。在国内，如上海、广州、成都、天津、沈阳、苏州、南京、青岛、大连、长春等城市已开通有轨电车线路；北京、武汉、佛山等城市正在建设有轨电车线路。然而，有轨电车车辆形式多样，目前，国内中车所属企业多采用自主研发或引进阿尔斯通、西门子、庞巴迪、斯柯达、安萨尔多、捷克 INEKON 等供货商的技术，各供货商的车辆技术条件又均不相同。以下是国内外主要生产厂商的现代有轨电车车辆技术和性能参数说明和比较。

1. 技术来源对比

国内有轨电车的车型借鉴于国外的经验，其来源对比见表 3-1。

表 3-1　车辆类型对比

序号	国内公司	国外公司	TOT 车辆类型
1	大连机车	安萨尔多	Sirio
2	四方股份	斯柯达	ForCity
3	浦镇车辆	庞巴迪	Flexity 2
4	株机公司	西门子	Combino Plus

2. 车辆技术对比

中车集团旗下众多企业均具备生产有轨电车的资质，已经投入运营的有四方、长客、大连、浦镇、唐车、株洲等公司生产的有轨电车，其参数对比见表 3-2。

表 3-2 车辆技术对比

序号	内容	四方	长客	大连	浦镇	唐车	株洲
1	模块数量	3	5	5	5	4	4
2	列车长度/m	35.29	34.8	32	32.2	37.35	36.6
3	车高/m	3.58	3.5	3.44	3.42	3.5	3.46
4	车宽/m	2.65	2.65	2.65	2.65	2.65	2.65
5	地板面高度/mm	350	350	350	350	350	350
6	每侧双开门数量	6	4	3	2	5	4
7	双开门宽度/mm	1300	1300	1350	1300	1300	1300
8	每侧单开门数量	-	2	2	2	-	-
9	单开门宽度/mm	-	900	900	800	-	-
10	轮径/mm	670	580/500	660/610	600/540	600/540	600/520
11	车重（自重）/t	-	42	42	48	52	54
12	最大轴重/t	-	12	12	12.5	10	10
13	供电电压/V	750	750	750	750	750	750
14	牵引电机类型	永磁同步直驱	三相交流异步	三相交流异步	三相交流异步	三相交流异步	三相交流异步
15	牵引电机电功率/kW	46	120	106	120	50	100
16	牵引电机数量（个/动转向架）	4	2	2	2	4	2
17	电机冷却方式	水冷	自通风	自通风	水冷	自通风	自通风
18	动力转向架数量/套	2	2	2	2	3	3
19	非动力转向架数量/套	1	1	1	1	1	1
20	一系悬挂类型	-	橡胶簧	橡胶簧	橡胶簧	橡胶簧	橡胶簧
21	二系悬挂类型	螺旋钢簧	螺旋钢簧	螺旋钢簧	橡胶簧	橡胶簧	橡胶簧
22	最高车速/（km/h）	70	70	70	70	70	70
23	最大加速度/（m/s²）（0~40 km/h）	-	0.95	1.16	1	1.3	1.2
24	常用制动减速度/（m/s²）	-	1.1	1.5	1.2	1.2	1.2
25	紧急制动减速度/（m/s²）	-	2.5	2.8	2.8	2.8	2.73
26	安全制动减速度/（m/s²）	-	1.2	1.5	1.5	1.2	1.2

序号	内容	四方	长客	大连	浦镇	唐车	株洲
27	坐席数量	54	64	64	56	88	74
28	定员载客（6人/m²）/人	221	292	215	300	315	311
29	超员载客（8人/m²）/人	388	368	286	382	394	384
30	最小水平曲线/m	19	25	25	50	19	25
31	最小竖曲线/m	850	1000	300	400	500	300
32	最大坡度	50‰	50‰	50‰	50‰	70‰	70‰

3.2.2 技术优势

氢燃料有轨电车并非直接燃烧氢气，而是通过燃料电池转化为电能，储存在车载电池中，再用电驱动车辆运行。主要优势体现如下。

（1）无受电弓，造型美观，线路适应性强，对道路影响小，对城市空间布局影响较小。

（2）氢燃料电池具有高效、高能量密度的突出优势，可根据需求配置。

（3）无污染，全程"零排放"，氢能源燃料发电过程相当于电解水的逆过程，唯一产物是水。列车在车辆基地内将高压储氢装置加满氢气，通过燃料电池内部氢氧化合反应产生电能，保证列车正常运行。氢氧作用后不会产生有害化学物质。

（4）车体实现模块化组装，转向架及驱动装置，可根据需求定制。

（5）相较于传统有轨电车，氢能源有轨电车不依赖外部电源，系统运行相对独立、可控性较好。

3.2.3 故障运行及救援性能

列车故障运行及救援性能需满足列车在AW3载荷时损失1/3动力的情况下能在50‰的坡道上启动，并可持续运行至终点站。当车辆损失2/3动力情况时，需等待联挂救援。

车辆救援联挂可以在线路任何一点进行，由两位司机操作即可完成。一辆空车能将另一辆停在50‰坡道上的超员故障车辆救援至最近的车站或将故障空车牵引到车辆基地。

3.3 车辆系统功能介绍

氢能源有轨电车车辆系统部件包括转向架系统、牵引及辅助系统、车钩、贯通道、车门、车窗、制动系统、电气系统、空调系统、列车广播和乘客信息系统、列车控制与监视系统等。

3.3.1 转向架系统

1. 转向架概述

氢能源有轨电车转向架主要由构架、摇枕、轴桥、制动装置、磁轨制动装置、一系悬挂装置、二系悬挂装置、永磁电机直驱装置等关键部件组成。转向架采用两系悬挂系统；采用模块化的设计原则，相同功能转向架具有相同的结构和与车体的接口；转向架的质量小，尤其是簧下质量，但不影响产品的安全和结构完整性及耐久性。

2. 转向架分类

转向架分为三种型号：转向架 A、转向架 B 和转向架 C。转向架 A 和转向架 B 是动力转向架，转向架 C 是非动力转向架。转向架 A 和转向架 C 是头车转向架，是一种普通的低地板车辆转向架，转向架 B 是中部铰接式转向架，车辆通过此铰接转向架编组成列。

动力转向架主要包括：构架组成、独立轮轴桥、一系悬挂、二系悬挂及牵引装置、永磁电机牵引驱动装置、排障装置、侧罩板等；非动力转向架没有牵引电机和联轴节，在相应位置安装有制动单元安装支架，用来安装制动单元。

3. 转向架主要特征

（1）转向架形式：回转支撑轴承承载车体、独立车轮带摇枕转向架。
（2）构架形式：铸件和钢板组合焊接结构构架。
（3）轴桥：独立车轮轴桥。
（4）一系定位：叠层橡胶弹簧。
（5）二系承载方式：螺旋钢弹簧承载。
（6）中央牵引方式：弹性无磨耗双拉杆牵引装置。
（7）车轮形式：弹性独立旋转车轮。
（8）牵引驱动：永磁电机直驱，无需齿轮箱。
（9）与车体连接方式：中间转向架采用双回转支撑轴承铰接式连接。
（10）基础制动：液压盘式制动。

4. 转向架主要结构和特点

（1）轻量化设计。
① 转向架构架、摇枕均采用轻型铸钢和焊接结构；
② 采用质量较轻的弹性车轮；
③ 无齿轮箱及其吊挂结构，降低质量；
④ 采用永磁同步牵引电机驱动；
⑤ 一系采用叠层橡胶弹簧，降低质量。
（2）一系悬挂采用低刚度的叠层橡胶弹簧作为定位装置，降低车辆通过曲线时的轮轨作用力，从而提高车辆的曲线通过性能。
（3）采用弹性车轮，能有效地降低车辆通过曲线时轮轨间的高频噪声。
（4）车轮轴承采用圆锥滚子轴承，性能可靠。
（5）二系采用螺旋钢弹簧，并设有摇枕，能够极大提高车辆的小曲线通过能力。在摇枕和构架之间设有横向减振器和垂向减振器，构架和摇枕间设置横向止挡。
（6）构架和摇枕间通过双拉杆全弹性无间隙拉杆连接，对摇枕进行纵向定位并传递纵向力；通过优化拉杆节点刚度，能有效隔离转向架纵向伸缩振动向车体弯曲模态振动的传递。
（7）基础制动采用盘式液压制动单元。

（8）转向架上正对轨道上方部位设置有磁轨制动装置。

（9）端部转向架设有排障装置，用于扫除轨道上的碎石等异物。

（10）转向架上设有撒砂管支架，用于安装撒砂装置喷嘴。

（11）在轴桥和车轮辐板间设有接地装置，每个车轮上一套，满足车辆接地回流的要求。

（12）车体与转向架间采用大直径回转支撑轴承连接，轴承具有整体起吊转向架的功能。回转支撑轴承能承受垂向载荷、纵向牵引和制动载荷及横向载荷。

3.3.2 牵引及辅助系统

1. 牵引系统

（1）牵引系统概述。

牵引系统采用牵引逆变器向同一个转向架的 4 台永磁同步牵引电动机供电。牵引时，逆变器模块将直流电逆变为 VVVF 交流电供给牵引电机，牵引逆变器外接制动电阻，用于车辆制动时多余能量的吸收，牵引逆变器内置 DCU，负责逆变器控制以及与列车网络进行通讯。牵引逆变器主要包括充电短接回路、线路电抗器、逆变器模块、输出接触器等。

（2）高压电源电路。

① 高压电路的关联：牵引工况，储能装置高压电经外部高压电器箱及高速断路器后通过接触器、线路电抗器进入逆变器模块，逆变器模块将直流电逆变为 VVVF 交流电供给牵引电机，牵引逆变器外接制动电阻，用于车辆制动时未能回馈的能量吸收，牵引逆变器内置 DCU 负责逆变器及 DC/DC 变换器的控制。

② 车辆保护电路：牵引高压电路中，各设备内部均设有熔断器和断路器，具有欠压、过流保护的能力，且高压电气箱为每一路负载均设置了保护熔断器，以防止某一线路过载对其他线路造成影响。

（3）牵引主电路。

牵引变流器用于向永磁同步电机供电，每个牵引变流器有 4 个独立的逆变器，每个逆变器控制 1 台永磁同步电机。牵引变流器的直流供电来自储能装置供电母线，直流供电电路包括一个用于制动电阻的斩波器和一个再生制动转换开关，每对逆变器共用一路相同的输入电路。

当列车储能装置正常工作，高压母线电压在 500～900 V 变化时，主电路能正常工作，并方便实现牵引—制动的无接点转换，满足列车的牵引及制动特性的要求。牵引工况下，牵引系统从高压母线获取能量。电制动工况下，电制动能量通过能溃控制单元反馈储能装置、辅助供电系统。

2. 辅助系统

（1）辅助系统概述。

辅助变流器主要包括 3AC 380 V/50 Hz 输出和 DC 24 V 输出两功能电路。DC 750 V 电源通过高压箱输入至辅助变流器，变换为 3AC 380 V/50 Hz 输出，为三相交流负载及单相负载提供电源，3AC 380 V 容量为 2×20 kV·A，其中包括 3 kV·A 的 AC 220 V。DC 750 V 输入电源后得到直流电压（DC 24 V）输出，为蓄电池及其他 DC 24 V 负载提供电源，其容量为 2×10 kW。

辅助变流器内部结构主要由两套独立的模块、变压器、电抗器及风机、应急电源模块、滤波组件等构成。

（2）工作过程。

输入电压在正常的范围时，充电软起，开启斩波+LLC+逆变工作，该模块输出的电压经 LC 滤波得到三相交流正弦波电源。通过 AC 380 V 输出接触器为三相交流负载提供电源，开启高频 DC/DC 模块的工作，输出 DC 24 V。

（3）故障保护及故障恢复功能。

辅助变流器发生故障时应有相应的故障策略，对于轻微故障可以自动恢复，对于较严重的故障可以及时保护需手动复位才能重新启动。同时辅助变流器具备通讯、故障记录功能，可通过以太网接口下载故障数据，以便于检修人员排查处理。

辅助系统的主要保护功能至少包括各接触器故障保护、充电回路故障保护、输入过欠压保护、输入过流保护、输出三相不平衡保护、输出过流保护、IGBT（绝缘栅双极型晶体管）模块故障保护、散热器过热保护等。

3.3.3 空调系统

1. 概述

客室和司机室均设置高效的通风与空调系统，空调系统采用先进、可靠、节能环保的技术。通风与空调系统的设计和风道确保空气可均匀地分布到整个客室区域和司机室，并能够保证不会出现通风死区或较大的温度梯度。该系统能够向客室及司机室内供应足够的新鲜空气。通风与空调系统保持车内微正压，以防止烟雾、灰尘或未经处理的空气进入。

2. 结构与组成

客室和司机室通风与空调系统采用顶置式变频单冷型空调机组，新风口设置可调节风量的风阀。空调系统采用符合规定的过滤网过滤，以确保空气的清洁，空调过滤网采用可清洗、易于更换、可重复使用的材料和构造。

空调系统主要包括 4.5 kW 车顶单元式司机室空调机组、30 kW 车顶单元式客空调机组、风道系统、废排通风器等。空调机组安装在车顶，与客室内风道连接，具有手动、自动、通风、停止、测试等功能。

3. 工作原理

空调机组内设两套独立的制冷循环系统（见图 3-1、图 3-2），制冷剂液体在蒸发器中吸收新风和回风的混合空气的热量气化成低温低压的蒸气后被压缩机吸入。压缩机将制冷剂蒸气压缩成高温高压的蒸气并排入冷凝器。高温高压的蒸气在冷凝器内被环境空气冷却，制冷剂释放热量后被冷凝成高温高压的液体。由于制冷剂液体的温度还要高于环境温度，必须将其温度降到低于客室内温度后送入蒸发器才能产生制冷效果。为此，先将高温高压的液体制冷剂经热力膨胀阀节流降压，同时降低其温度，然后再送入蒸发器。在蒸发器中低温低压的制冷剂吸收新风和回风的混合空气的热量，蒸发成低温低压的制冷剂蒸气，再被压缩机吸入，如此周而复始的循环。制冷剂在封闭的制冷系统中经压缩、冷凝、节流和蒸发四个热力过程完成一次制冷循环。

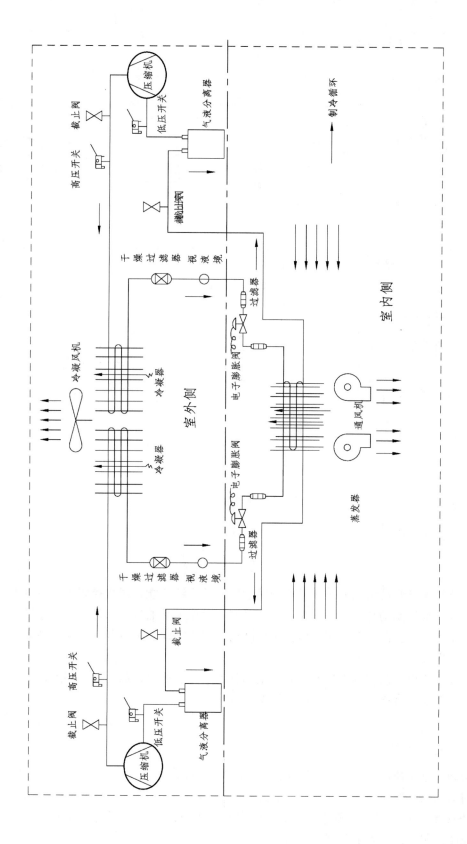

图 3-1 客室空调机组制冷循环系统图

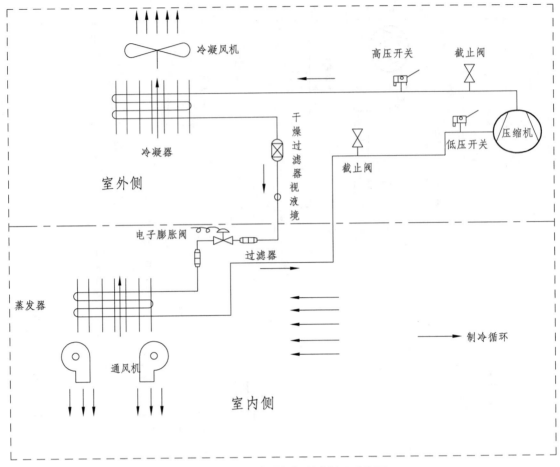

图 3-2　司机室空调机组制冷循环系统图

3.3.4　制动系统

1. 概述

氢能源有轨电车制动系统采用微机控制的液压制动系统，能在司机控制器的控制下对列车进行阶段或一次性制动与缓解，并具有反应迅速、操作灵活的特点，是一个故障导向安全的有轨电车制动系统。制动模式至少包括常用制动、安全制动、紧急制动、保持制动和停放制动五种工作模式。

制动系统主要包括制动微机控制单元、基础制动装置、液压控制单元、辅助缓解单元、磁轨制动器、速度传感器、载荷传感器、蓄能器等。

2. 制动模式

（1）常用制动。

常用制动通过司控器置于制动位施加，可以随时被取消。

常用制动采用电控混合制动，制动指令信号由 TCMS（列车控制与管理系统）通过 MVB（多功能车辆总线）进行传输。根据可用的 ED 制动力大小，EBCU（电子控制单元）计算是否需要补充摩擦制动力以满足总制动力的需求。

车辆将最大可能利用电制动力，若需要停车时补偿摩擦制动，开始补偿时的车辆速度不大于 6 km/h。

全常用制动平均减速度为≥1.1 m/s^2。必要的制动冲动限制能够确保制动力平稳地施加。制动冲动限制值为≤1.5 m/s^2，可以通过每个转向架配置的辅助缓解单元来手动隔离和缓解制动。

（2）安全制动。

安全制动由设置在司机室操纵台上蘑菇头按钮触发（该按钮为自锁式，能通过旋转来解锁）；此外，24 V 控制电源断电也可触发安全制动，安全制动一旦触发，在车辆完全停止前不能被取消。如果安全回路打开，会激活被动式弹簧制动和磁轨制动，撒砂系统自动启动。

安全制动平均减速度（70 km/h～0 km/h，包括响应时间）为 1.2 m/s^2，安全制动冲动极限为≤4 m/s^2。

（3）紧急制动。

车辆具有通过车辆线传递指令的紧急制动电路，一旦给定指令，车辆施加紧急制动。车辆通过主控制器施加紧急制动。紧急制动由电制动、液压制动和磁轨制动共同施加。撒砂系统在紧急制动时自动激活。下列任一情况，将导致紧急制动的实施：

① 任意一端司机室司控器施加紧急制动指令。

② 紧急制动回路中断或失电。

③ AW2 载荷、平直干燥轨道紧急制动平均减速度（70 km/h～0 km/h，包括响应时间）≥2.3 m/s^2。

④ 紧急制动冲动极限≤8 m/s^2，车辆具有防滑保护功能。

（4）停放制动。

检测到车辆停止或断开车辆 24 V DC 电源后，自动施加停放制动。停放制动可以使 AW3 载荷车辆保持在本线路最大坡道上。停放制动可以通过辅助缓解单元一次缓解一节车，也可以在车外对夹钳人工逐个进行缓解。

① 停放制动采用弹簧进行制动并通过液压装置进行缓解。

② 停放制动能通过人工逐个进行缓解。

③ 停放制动装置可使 AW3 载荷工况下的有轨电车在本线线路的最大坡度上和各种天气条件下保持静止。

（5）保持制动。

在 TCMS 正常的情况下，当列车停稳，零速信号和非牵引状态时，EBCU 施加保持制动；保持制动的缓解由 EBCU 根据 TCMS 的指令进行。在应急牵引模式下，EBCU 收到牵引指令超过 1.5 s，且无制动指令时，EBCU 自动控制缓解。

3. 制动方式

电制动包括再生制动和电阻制动。制动系统优先采用电制动，将再生电流反馈给动力电池或车辆自身负载使用。当车载负载和动力电池均无法吸收再生电能时，车辆控制系统将自动用电阻制动。

液压摩擦制动由液压执行机构对制动盘（见图 3-3）施加所需的制动力，常用制动和紧急制动由同一执行机构执行。车辆制动系统配置有液压摩擦制动微机控制单元，用于液压摩擦制动控制与防滑控制。

磁轨制动由每个转向架上安装有 2 个磁轨制动器，启动时其制动靴吸附到轨道上摩擦产生制动力（见图 3-4）。

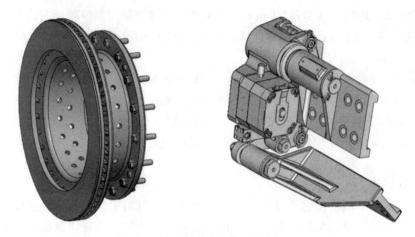

图 3-3　基础制动（夹钳+制动盘）

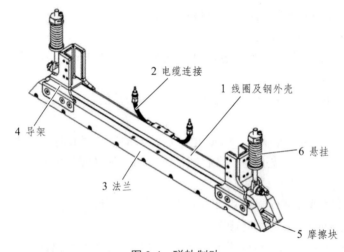

图 3-4　磁轨制动

3.3.5　车辆控制与监视系统

列车控制及监视系统集列车控制系统、故障检测与诊断系统以及乘客服务控制系统于一体，以车载微机控制作为主要手段，通过多级列车网络总线实现系统、列车之间的数据信息交换，最终达到对车载设备的集中监视、控制以及管理的目的，实现列车控制的智能化、网络化与信息化，保证列车的行车安全。

列车控制系统采用 MVB 总线方式，列车控制系统的设备与控制器间采用总线方式连接，具有完善的状态监控、故障诊断、信息显示和信息储存功能，满足对车辆运行状态及故障的分析判断的需要。故障诊断所采集到的数据可通过便携式数据采集器人工采集，断电后数据存储期至少为 30 天。该系统具有强抗干扰能力、高可靠性和冗余性。

列车控制及监视系统主要包括列车控制单元、输入/输出采集模块、中继器、人机交互显示器以及总线连接器等。

3.3.6 广播系统和乘客信息显示系统

列车广播系统包含全自动播放站名、半自动播放站名、人工播放站名、紧急报警对讲、预录紧急广播信息（文字及声音）等功能。

列车客室内设动态视频播放装置，能通过编辑软件编辑运营信息的显示内容和显示方式，显示器采用 LCD 技术，显示器的数量、安装位置和尺寸大小保证客室内乘客都能清楚地看清显示器上信息，以方便地获取相关信息。

列车广播和乘客信息系统集车载广播、车载乘客信息显示、车载视频监视三大功能于一体，充分体现资源占用少、集成化高的特点。列车广播和乘客信息系统主要包括主机、广播控制盒、LED 显示屏、LCD 显示屏、扬声器、乘客紧急报警器、摄像头等。

3.3.7 车体及内装设备

车体采用轻量化、整体承载结构，材料主要选用强度高、耐腐蚀性能好的不锈钢及碳钢材料，车体结构强度符合相关标准要求。

车辆配备能够吸收撞击能量的能量吸收装置。车体做隔音、隔热、减振处理。车内设纵向或横向座椅，形状符合人体工程学的要求，并设有扶手杆（柱）。贯通道的强度和结构设计满足乘客可以自由地在车辆的各客室之间的穿行和停留的需求，没有任何潜在的危险。车辆客室侧窗更换时不需要拆卸内装墙板，所有侧窗严密、不渗水。司机台台面耐磨、耐用，易于清洗。司机室的设备布置科学合理，符合人体工程学要求，满足便于使用和维修的要求。

3.3.8 照明系统

车辆照明系统采用先进、可靠的 LED 技术。客室照明满足距地板面上方 0.8 m 处不低于 200 lux。车辆头灯在距车辆前端 70 km/h 最大紧急制动距离处的亮度不低于 2 lux。

3.3.9 贯通道系统

贯通道能确保乘客通过车辆连接区域的安全性，使连接区域具有良好的装饰性，并保护折棚使其免受损坏，具有安全、舒适、低噪、防漏、防尘、寿命较高等优点，适应车辆在地下、地面和高架线路上运行，满足运行环境中存在有风、砂、雪、冰雹、沙尘等恶劣气候条件的要求。

车辆所有模块连接处设置安全可靠的贯通道。在贯通道与客室的连接处无明显的突出物伸出。贯通道的强度和结构设计满足乘客可以自由地在各客室之间的穿行的需求，并且尽可能宽大，没有任何潜在的危险。

贯通道在车辆运行时无不正常的噪声和摩擦声，贯通道内部与客室座椅布置相匹配，颜色与客室内饰相协调。贯通道内部与客室座椅布置相匹配，颜色与客室内饰相协调。

贯通道折蓬体选用特制的阻燃、高强度、耐老化材料制作，具有高等级的隔热、隔声、防火和水密性能，符合防尘、防火、无毒、低烟和水密性等相关国际标准和规定。

贯通道中的渡板有较高的耐磨性，渡板表面有防滑处理。

贯通道的设计满足相关载荷要求，在通过最不利工况组合时的线路（竖曲线、水平曲线、最大的轨道允差和车辆的各种运行速度）时不会出现损坏、遏止活动和渡板不完全搭接的现象。

3.3.10　车门系统

城市轨道交通的车门按车门开启方式主要有内藏嵌入式侧移门、外侧移门、塞拉门等几种形式。

内藏嵌入式侧移门：该种形式的车门在开关车门时，门翼在车辆侧墙的外墙与内护板之间的夹层内移动，传动机构设于车门的顶部，装有导轮的门翼可以在轨道上移动，并与传动装置相连接，依靠电动或风动驱动装置使车门完成开关动作。北京地铁大部分车辆采用这种形式的车门。

外侧移门：国内已运营的城市轨道交通车辆中尚没有采用此种形式的车门，在法国等国家的早期车辆中应用较多。与内藏嵌入式侧移门相比，外侧移门在开关车门时，门翼始终处于侧墙的外侧，车门的驱动原理与内藏嵌入式侧移门相同。由于门翼始终处于侧墙的外侧，对于限界影响较大，且噪声较大，这种形式的车门现在很少采用。

塞拉门：车门开启状态时，门翼贴靠在侧墙的外侧，车门关闭时，门翼外表面与车体表面为同一平面。驱动装置设于门的上方，门两边设有可旋转的立柱，共同完成塞紧、外摆和直线平移运动，保证车门关闭后与车体表面齐平。由门控器对驱动装置进行控制。客室车门的电控电动装置采用微处理器控制的电动机驱动装置，具有自诊断功能和故障记录功能，具有与列车总线网络进行通信的功能。

传动装置采用丝杆/螺母传动方式，导向装置、驱动装置和锁闭装置集中为一个紧凑的功能单元，便于安装和维修。车门设有门扇的高度及平行度调整功能，能保证每一门扇、相关门扇之间以及门扇与车体之间的正确位置及间隙。开闭功能不会因车辆挠度和乘客载荷的变化而受影响，密封良好，关闭时能有效地起到隔热、隔声作用，能消除自身的震动。

车辆外移门目前已很少采用，我国早期城市轨道交通为内藏式，但运用中存在一定缺点，而塞拉门以其外表美观、性能优良逐渐被广泛采用。

3.3.11　氢动力系统

氢动力系统为车辆提供持续安全稳定的动力来源，包括燃料电池子系统、储氢子系统以及冷却子系统，各个系统均与能量管理控制器进行实时信息交互，受整车能量控制器进行控制，根据不同工况，实现统一协调工作，为整车提供电能。

燃料电池子系统主要作用是经过 DC-DC 装置与牵引蓄电池（动力电池）配合为有轨电车提供混合动力，包括空气输送系统、氢气系统、高压接线箱、低压及控制接线箱、框架及通风系统、燃料电池电堆。

动力电池主要配合电池管理系统与控制保护系统。动力电池系统受整车能量控制器控制，根据动力电池系统当前状态进行充放电，为整车提供电能或吸收部门制动电能。

储氢冷却模块包含储氢系统和冷却系统。储氢系统为燃料电池供应氢气，包含氢气的加注、储存、供给。储氢系统由加氢枪对加氢口组件左或右的加氢口进行加注氢气，通过储氢气瓶进行氢气存储、控制储氢瓶端部组合瓶阀的开启，进行氢气供应，经过氢气管路到达阀箱，开启阀箱电池阀，经过两级减压器减压，最终由 35 MPa 氢气输出 0.7 ~ 1 MPa 氢气。冷却系统将燃料电池正常工作产生的热量排散，保证燃料电池工作在合适的温度范围。由四个散热器模块、两个补水箱及管路等组成。冷却系统主要是将燃料电池的热量由冷却液通过电堆出水管循环到冷却装置模块进行冷却，再通过回水管回到燃料电池。

DC-DC 模块可实现车辆将氢燃料电池的不稳定直流电压升压至稳定的 DC 750 V 给有轨电车的牵引及辅助系统供电。同时，也可以给蓄电池进行充电控制，通过 CAN（控制器局域网）通信，DC-DC 装置与整车储能系统能量管理器实现数据通信，使能量管理器能按实际工况需求实时控制 DC-DC 的工作状态，同时，DC-DC 装置也将 DC-DC 工作状态信息实时反馈给能量管理器，从而实现储能系统一体化监控。

1. 燃料电池系统

氢能源有轨电车采用的是质子交换膜燃料电池，通常由燃料电池模块、空气输送子系统、冷却液输送子系统、控制盒通信系统、框架和箱体系统组成。

氢气进入燃料电池，在催化剂的作用下分解成质子和电子。电子经过有负载的外电路传导到阴极，质子穿过质子交换膜中的电解质迁移到阴极，与空气中的氧气反应生产水（见图 3-5）。单体电池以电串联方式堆叠，以增加整体整个电堆电压。单片电池相对于冷却液体是平行的（见图 3-6）。

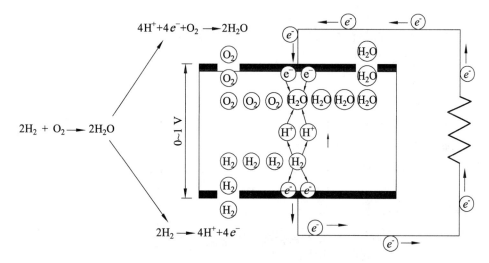

图 3-5 燃料电池反应原理简图

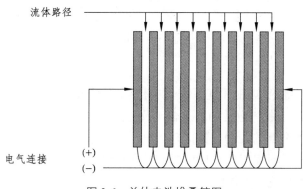

图 3-6 单体电池堆叠简图

2. 储氢系统

（1）组成及功能。

储氢系统为燃料电池供应氢气，包含氢气的加注、储存、供给。

储氢容器的端头装有组合瓶阀，组合瓶阀包括电磁阀、压力泄放装置（PRD）、手动关闭阀等。当断电时，电磁阀应处于关闭状态；手动截止阀平时为打开状态，在加氢、排氢或维修时，可用来单独隔断各个储氢容器。设有过流保护阀，当检测到系统压力反常降低或流量反常增大时，能及时切断来自储氢容器内的氢气供应。过流保护阀安装在组合瓶阀上或紧靠组合瓶阀处。

（2）原理。

储氢系统由加氢枪对加氢口组件左或右的加氢口进行加注氢气，通过储氢气瓶进行氢气存储、控制储氢气瓶端部的组合瓶阀的开启，进行氢气供应，经过氢气管路到达阀箱，开启阀箱电磁阀，经过两级减压器减压，最终由 35 MPa 氢气输出 0.7~1 MPa 氢气。无论供气管路是否在工作，储氢系统装载一套氢气泄露传感器，实时监测氢气泄露状态，并在司机室能监控和报警。

3. 冷却系统

（1）功能。

冷却系统将燃料电池产生的热量，通过冷却装置模块将热量散走。

（2）冷却系统组成及布置。

① 冷却系统组成。

冷却系统主要由冷却装置模块、补水箱、脱离子罐、压力变送器、温度传感器、不锈钢电导率仪、球阀及管路系统组成。

② 冷却系统的结构。

冷却系统与储氢采用耦合设计，为一整体模块安装在氢能源有轨电车中间车顶二位端，与燃料电池相邻。

（3）冷却系统原理。

冷却系统分为大循环和小循环两种模式。当燃料电池正常工作时，冷却液温度高于 55 ℃，冷却液经循环水泵，从燃料电池出水口流出，经过散热器回到燃料电池，其中一部分冷却液去离子罐，进入补水箱，通过补水箱底部补水管路进入燃料电池补水管接口。当燃料电池刚启动或环境温度过低时，冷却液温度低于 55 ℃，此时冷却液进行小循环模式，不流经外部冷却风扇，只在经过水泵在燃料电池内部进行小循环散热。

4. 动力电池

动力电池由两簇电池组、电池管理系统、空调冷却系统组成。动力电池系统电压范围 640~830 V。电池管理系统主要控制电池的输入输出及监控电池相应参数状态并与能量控制器进行交互，通过整车能量控制器的控制，保证动力电池系统电量状态在 50%~85% 之间。空调冷却系统是为了动力电池长时间工作或环境温度过高导致动力电池温度过高的散热冷却系统，保证电池在适宜的温度环境下工作。

5. DC-DC 电源装置

DC-DC 电源装置采用输入电流控制方式，模块主要功能是将氢燃料电池的不稳定直流电压（DC 350 V～680 V）升压至稳定的 DC 850 V 给有轨电车的牵引及辅助系统供电，同时受能量管理器控制，根据氢燃料电池给定的实时电流值进行电流跟随限制，以实现氢燃料电池的稳定运行，保护氢燃料电池不受损害。

DC-DC 电源装置具有输入欠压保护、输入过压保护、输入限流保护、输出过流保护、输出短路保护、输出过压保护、内部散热器过温保护等功能。

3.4　燃料电池的组成及安全特性

目前，国内氢燃料电池在有轨电车上的运用还在伊始阶段，以高明氢能源有轨电车为例。高明氢能源有轨电车采用的是加拿大 Ballard 公司提供的 FCveloCity®-SFHD-200（"SFHD"）质子交换膜燃料电池，额定功率 200 kW，输出电压范围：350～680 V DC，输出电流 0～600 A，主要由 2 套燃料电池模块、2 套空气输送子系统、2 套冷却液输送子系统、1 套控制盒通信系统、1 套框架和箱体系统组成。

3.4.1　燃料电池组成

1. 燃料电池模块

（1）液冷质子交换膜（PEM）燃料电池电堆。

（2）完整的氢气子系统包括氢气关闭，压力调节，再循环和吹扫。

（3）中冷器和加湿器，用于调节进气。

（4）内置控制系统、电源和配电。

（5）用于电压、电流、压力和温度测量的传感器。

（6）安全装置包括烟雾探测器、通风扇、燃料减压装置、接地故障监测器。

（7）氢气传感器和灭火系统。

（8）高压接触器，用于将燃料电池电堆与高压输出端子电隔离。

（9）启动期间的高压输出预充电和反向电流保护。

2. 空气输送子系统

（1）空气压缩机、电机和控制器组件，用于向燃料电池模块供应空气。

（2）内置空气压缩机润滑和冷却系统。

（3）空气质量流量传感器，用于空气流量的测量和控制。

（4）空气过滤器，用于过滤化学品和颗粒物。

3. 冷却液输送子系统

（1）冷却液泵、电机和控制器组件，用于向燃料电池模块供应冷却液。

（2）内置交流加热器和三通恒温控制阀，用于防冻和冷启动。

4. 控制和通信系统

（1）控制器局域网（CAN）和硬线通信信号。

（2）数据记录器和 Wi-Fi 连接，便于数据传输。

5. 框架和箱体系统

（1）铁路应用特定安装点。

（2）绝缘罩能最大限度地减少冰冻保护系统的热量损失。

（3）燃料电池模块外部的阻燃组件。

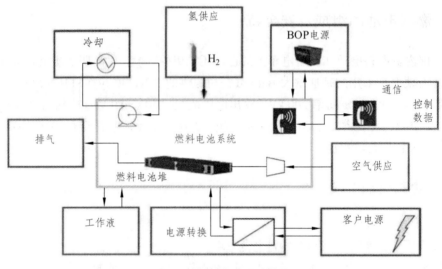

图 3-7　燃料电池系统简图

3.4.2　燃料电池安全特性

1. 一般安全

SFHD 控制系统与车载氢气传感器、烟雾探测器和各种其他测量设备相结合，旨在识别可能导致危害的条件，并在不安全条件形成之前终止系统运行。SFHD 系统造成的最严重潜在危害是不合格氢的排放（在通风或空气处理排放过程中发生），这种危害可导致供给燃料燃烧、电气短路，还可能降低高压系统的电气隔离，进而导致电击。

燃料电池系统与基于旋转机械的传统发电设备的运行方式完全不同。维护人员必须接受适当的培训，以全面了解使用过程中可能出现的危害。燃料电池系统的维护人员还必须掌握电气设备、压缩气体和易燃气体方面的专业知识，有相关的工作经验。在燃料电池系统上工作时，工作人员应穿戴安全装备（如护目镜和工作靴），并且必须摘掉所有首饰、手表、戒指和衣物上可能导致短路的金属物品。在执行任何维修活动之前，必须切断系统上的所有能源。另外，任何在燃料电池系统附近或燃料电池系统连接部件（例如氢存储系统）上工作的人员都应了解相关风险并接受相应的培训。

FCveloCity®-SFHD-200 燃料电池系统在设计过程中完成了重大测试和开发——只有使用巴拉德原装备件或巴拉德认可的部件才能确保其安全可靠的运行。在此工作范围之外运行燃料电池系统可能导致热危害、化学危害、压力危害和机械危害。

2. 高压高温安全

在正常运行期间，SFHD 冷却液输送系统可能达到 80 ℃ 的高温，空气输送系统可能达到 150 ℃ 的高温。在系统运行期间或运行结束后，请勿立即触摸暴露的组件。

SFHD 使用增压气体时会构成危险源。在打开任何线路或接头之前，必须对回路进行减压。即使在燃料电池模块断电时，一些系统也可能保持加压状态。

3. 高压电安全

燃料电池电堆关闭后，高压可能会在燃料电池电堆上保留一段时间。在此期间，燃料电池电堆存在电击危害，不应进行维护活动。而且，燃料电池系统内的残余反应物（氧和氢）可能导致燃料电池输出电压意外上升。在维修燃料电池系统之前，应使燃料电池电堆电压降至 5 V 直流电以下。某些情况可能导致燃料电池电堆无限期地持续存在电压。在进行任何维修活动之前，务必检查残余电压。

燃料电池系统必须在"浮动电气系统"中运行。燃料电池高压正极端子和燃料电池高压负极端子都不应连接到应用设备接地或接触框架。

在维修燃料电池系统之前，为确保浮动直流系统断电，在以下关键点测得的电压必须接近 Ｏ Ｖ（通常小于 5 V）。需分别在交流电和直流电下进行测量。

（1）两个燃料电池电堆上的燃料电池高压正极和高压负极端子之间。

（2）两个燃料电池电堆上的燃料电池高压正极端子和框架之间。

（3）两个燃料电池电堆上的燃料电池高压负极端子和框架之间。

整个高压系统的隔离电阻由能够检测单极和双极隔离故障的装置监控。燃料电池系统内置接地故障监控系统。如果根据监管标准认为电气隔离水平不安全，则必须完全关闭燃料电池系统。

为满足运行需求，已选择适当的燃料电池系统功率输出电缆。电缆规格符合电压、电流、环境温度限制、化学和机械阻力以及弯曲要求。

维修人员遭遇的危险和不安全情况可能由以下情况引起，包括但不限于以下情况：

（1）接地不当。

（2）用湿手或在潮湿地面上处理电线或电气设备。

（3）电线夹紧、切断、损坏或磨损。

（4）端子引线连接不正确或不恰当。

（5）短路。

（6）来自通电的正常和应急电源的反向馈电。

在正常情况下，两个高压输出端子（正极和负极）都与燃料电池系统外壳和低压系统隔离。如果一个高压电极上失去隔离，那么在系统上工作的人员可能由于接触另一个高压电极和接地而遭受致命电流。如果两个故障同时发生，并且两个高压电极上的隔离都丢失，则可能发生高压短路，从而导致极高的电流。高电流会产生大量热量，既而损坏电气和燃料电池系统，造成人身伤害。

4. 氢气安全

氢气是一种无色、无味、高度易燃的气体。氢气是无毒的，但它可以消耗空气中的氧气而起窒息作用。在人员失去意识之前没有任何先兆。因此，SFHD 系统不应在封闭或不通风的区域运行。氢气必须按照适用法规和气体供应商的建议进行存放和处理。

氢分子非常小，很容易通过许多气密材料扩散。燃料管路、非焊接接头和非金属密封件（例如垫圈、O 形圈、管螺纹密封剂和填料）存在潜在的泄漏或渗透位置。此外，小分子尺寸使氢具有较高的浮力和扩散性，因此，泄漏的氢将很容易被周围的空气稀释。

位于燃料电池模块内的氢气传感器可检测燃料电池系统内是否发生氢气泄漏。当氢气传感器读数较高时，会触发警报，提醒操作人员关闭燃料电池模块氢供应阀，以免出现不安全情况。

强烈建议在燃料电池系统的所有封闭维修空间中实施氢检测，包括车辆发动机舱、测试站室或类似的封闭空间。氢检测系统应与直接安装在燃料电池系统上游的氢气供应截止阀互锁。如果 SFHD 将在室内运行，则 SFHD 的运行场所必须配备氢检测和足够的通风装置，以消除可能发生的任何泄漏。如果怀疑有大量氢泄漏，则应停止 SFHD 的运行并进行泄漏测试。

由于暴露于挥发性有机化合物（VOC）会导致氢气传感器性能退化，因此应尽量避免此类暴露。尽可能将传感器与污染源隔离开来，但即便如此，也无法完全杜绝退化。由于在车辆涂装和溶剂脱脂过程中经常遇到高含量的 VOC，因此，建议在车辆涂装过程中拆除模块或氢气传感器。氢气传感器性能一旦退化，其敏感度会降低，并且输出的氢读数会低于实际氢浓度。当排气或通风口中的氢浓度超过安全限值时，氢气传感器将不再触发警报。因此，必须定期进检查传感器的校准值。

SFHD 在每个燃料电池模块的氢气入口处设置了一个泄漏捕获附件，运行设备时，必须安装这些泄漏捕获附件。某些失效模式可能导致冷却系统储液罐中产生氢气。维护时执行正确的程序可降低这一风险。

当系统关闭时，SFHD 系统的氢气供应将保持加压。在断开氢气供应之前，必须检查供应管线以确保管线中没有压力。即使模块已从系统中移除，模块内的氢气管线也可能含有氢气。在移除燃料电池模块之前必须安全地排出氢气压力。

5. 化学危害

燃料电池冷却液回路可能含有各种浓度的乙二醇。如果人员摄入乙二醇或吸入含乙二醇的蒸气，则可能中毒。处理乙二醇或将在燃料电池电堆冷却液回路上工作的所有人员必须采取所使用的特定冷却液的材料安全数据表（MSDS）中确定的预防措施。这些预防措施包括佩戴安全眼镜和化学防护手套。乙二醇的处置必须符合所有适用的当地法规。

6. 机械危害

燃料电池系统中存在潜在的机械危害，包括飞溅的碎片、旋转机械、夹点和巨响。将所有附件和盖子保持在适当位置可减轻这些危害，除非必须将其拆下进行维修。

4.1 站场布局

根据线路规模，每条线路一般设置有停车场或车辆段，满足本线有轨电车运营及检修作业需要，包括必要的生产维修和办公生活设施，承担全线车辆停放和运用管理、月检任务、简易临修、事故救援工作及车辆的清扫洗刷。停车场工艺布置在满足功能要求基础上，力求工艺顺畅、分区布置、紧凑合理、近远期结合、节约用地。

4.1.1 场内建筑

停车场内一般建设有综合楼、综合维修工区、运用库、加氢站等建筑，其中运用库一般可由停车/列检棚、月检/临修库、洗车库及镟轮库组成。

4.1.2 功能定位

（1）停车场。承担初期全线车辆停放和运用管理、月检任务、简易临修、事故救援工作及车辆的清扫洗刷等工作。

（2）综合维修工区。承担本线管辖区段内的机电设备、通信信号设备、以及线路、桥梁、车站等建筑物、构筑物的日常检查和维护维修等工作。

（3）材料间。储存常用备件及材料。

4.1.3 站场规模

车辆基地总停车能力需考虑线路系统规模因素，并结合运输组织方案，对车辆基地的停车能力进行合理分配。

4.2 房屋建筑

4.2.1 厂房标准

停车场内运用库、镟轮库均属于甲类厂房，宜采用单层门式轻钢结构。

1. 墙身防潮

除砌筑在钢筋混凝土地梁上的墙体外，均设有防潮层。底层室内相邻地坪有高差时，应在高差处墙身的侧面加设防潮层；当墙身一侧有花坛和覆土时，相邻外侧设防潮层。

2. 墙体

墙体与钢柱连接节点，应先砌墙后浇构造柱。防火墙满足防火规范要求。管道穿墙处，空隙封砌密实。

3. 装修工程

停车场厂房为二级耐火等级工业建筑，钢结构涂料采用防锈漆和面漆。建筑构件（包括钢结构）耐火极限达到以下要求：柱 2.5 h、梁 1.5 h、屋顶承重构件 1.0 h。

4. 防火、疏散

根据《建筑设计防火规范》（GB 50016—2014）规定，洗车库、临修库、月检库、停车列检库作为一个防火分区，按甲类单层厂房防火分区面积小于 3 000 m²，任一点至最近安全出口的直线距离小于 30 m。运用库采用自然排烟设计，自然排烟面积大于车间投影面积的 5%。

4.2.2 主要单体建筑

停车场内主要单体建筑有综合楼、运用库、维修工区、门卫室等。

4.2.3 设计原则

设计使用年限：50 年。

停车场建筑物结构安全等级为 2 级。

停车场建筑物结构地震作用均按抗震设防烈度为 6 度，建筑抗震设防类别为丙类，设计基本地震加速度值为 0.05 g。

混凝土结构耐久性要求，地上部分均按一类，地下部分均按二 a 类；场地地下水对钢筋混凝土结构中钢筋具微腐蚀性。

4.2.4 房屋结构形式

综合楼为混凝土框架结构。

运用库采用门式刚架结构，办公部分为钢框架结构，屋面采用压型钢板，其中办公部分采用的钢与混凝土组合楼屋面。

洗车棚采用混凝土结构。

门卫房为砌体结构。

4.2.5 房屋基础

综合楼、运用库、洗车棚采用钻孔灌注桩基础，端承桩柱下设两桩或多桩承台，承台间设拉梁。

门卫房及构筑物：门卫房基础采用条形基础，并进行地基处理。室外的电缆沟、通透式围墙等根据情况采用混凝土或钢筋混凝土结构。

4.3 工艺设备

4.3.1 洗车机、镟床、架车机

4.3.1.1 洗车机

洗车机具有机械洗刷喷淋系统、控制系统、水供给系统、压缩空气供给系统、洗涤剂供给系统、水循环系统、水处理系统及摄像监控系统等，能够自动完成列车车头、车尾、两侧的清洗工作，整个列车清洗过程实现自动化。可以采用自动与手动的操作控制，所有的清洗刷子可以选择正转或反转，并能选择是否使用洗涤剂。列车清洗机在无车时自动停机并处于待机状态，来车后自动启动，可实现设备无人值守。设备应能准确辨别列车在设备中的位置，自动开始和结束洗车的程序，并给司机必要的提示信号。对于需要列车停车对位的洗刷工位，洗车机允许的停车误差应不大于±1 m。设备为固定式，列车的移动靠列车本身动力，由司机限速驾驶。洗车机的机械洗刷喷淋设备固定在洗车库内的洗车线上，列车进入洗车库，洗车机自动启动，列车司机以 3～5 km/h 的速度驾驶列车通过洗车库，整个洗车过程全部自动化，洗车机自动启停。

4.3.1.2 不落轮镟床

不落轮镟床用于在车体与转向架不分解的情况下，对车辆轮对的轮缘和踏面进行修理加工、对制动盘摩擦面进行镟修，并适用于单个轮对的修理加工。

不落轮镟床主要由床身、活动轨道、装夹装置、驱动滚轮、刀架系统、测量系统、电气控制系统、液压系统、铁屑处理系统、润滑系统、排烟装置等组成（见图 4-1）。

不落轮镟床具备自动测量、加工、数据记录和储存、报表打印、故障诊断、铁屑破碎和排送、自动润滑等基本功能。设备控制系统采用 CNC 数控系统，具备对不同轮对的轮廓形状曲线进行编程的功能。镟轮时车辆的牵引对位作业由蓄电池公铁两用车完成。

图 4-1 不落轮镟床

4.3.1.3 架车机

1. 移动式架车机

移动式架车机用于架车作业，可起架有轨电车车辆，以便对车体、转向架及其他部件进

行维修和更换作业。

移动式架车机主要由主机、传动系统、电气系统、承载托架、走行装置、电气控制系统等组成（见图 4-2），架车机的受力形式设计为主机受压、传动系统的螺杆受拉。

移动式架车机具有独立控制和集控功能。单台架车机独立控制台控制单台架车机的升降。总控制台能控制 12 台架车机的同步升降。单台架车机独立控制台与总控制台具有动作互锁功能。架车机配有走行轮，可在车间内地面上人工移动，还可通过起重机吊运。架车机定置后，走行轮可以抬起，由架车机机座承载。

同步精度：当单组架车机任意两台之间高度差在 4 mm 范围内时，正常升降；当 4 ~ 6 mm 时，自动调整；当超过 6 mm 时，停车报警。

图 4-2　移动式架车机组

2. 固定式架车机

整体地下式固定架车机组安装在地下基础坑内，完成对整列车的架落车作业（见图 4-3）。架车作业时，由调车机车或公铁两用车将列车牵引到架车台位上，并正确对位；加车机构将车辆举升到设定高度；解除转向架与车体之间的连接；升起车体托架支承车体，架车机构带转向架一同落下，推出转向架。落车作业的工艺过程为架车作业的反序过程。架落车作业完成后，设备全部降入地坑，车库地面平整无障碍。

图 4-3　固定式驾车机

4.3.2 公铁两用车

1. 蓄电池公铁两用车

蓄电池公铁两用车是不落轮镟床的配套设备，用于车辆镟轮时牵引列车，并在不落轮镟床上准确对位（见图4-4）。蓄电池公铁两用车也可用于段内其他调车和对位作业。该车采用蓄电池为动力源，既可走行于停车场内轨距1 435 mm的各种轨道上，也可在段内道路上行驶。蓄电池公铁两用车具备人工驾驶、线控和无线遥控三种控制方式。

图 4-4　蓄电池公铁两用车

2. 内燃公铁两用车

内燃公铁两用车（见图4-5）承担铁路线路及沿线的检修、救援、轨道清扫等应急任务，也可用于停车场内调车作业。其要求能迅速而方便地进行公路和铁路的转换运行。内燃公铁两用车采用柴油为动力源，在铁路轨道上运行时应有足够的牵引力和制动力，能牵引有轨电车车辆到达停车场内指定的位置。通常是通过底盘上的液压换道回转装置和能随时起落的铁路行驶导轮装置实现的。该车既可走行于轨距1 435 mm的轨道上，也可在普通公路路面上行驶，其有轨电车正线救援牵引和公路快速转场的作用也具有较大优势。

图 4-5　内燃公铁两用车

4.3.3 特种设备

1. 叉车

叉车（见图4-6）有蓄电池叉车和内燃叉车两种。蓄电池叉车以蓄电池为动力，它将电能转换成化学能储存起来，再以化学能转换成电能，通过电动机获得动力。内燃叉车则以燃油为动力。叉车适用于对成件托盘货物进行装卸、堆垛和短距离运输作业的各种轮式搬运车辆，用于车辆段内大型物件的运输。

图4-6　叉车

2. 起重机

起重机是横架于车间、仓库和料场上空进行物料吊运的起重设备（见图 4-7）。起重机的桥架沿铺设在两侧高架上的轨道纵向运行，可以充分利用桥架下面的空间吊运物料，不受地面设备的阻碍。它是使用范围最广、数量最多的一种起重机械。起重机主要用于对大型设备的起吊。设备整机主要由桥架、大车运行、起升机构、小车电气设备组成。主、副起升机构布置在同一小车架上，各设置独立的驱动装置，主、副起升机构既可独立完成吊运，又可协同完成翻转设备工作。起升机构的工作原理：电动机做功，经过减速机变速，然后通过卷筒联轴器驱动卷筒，经过钢丝绳缠绕系统完成吊钩的升降。

图4-7　起重机

4.3.4　救援设备

铁路机车车辆扶正救援设备（见图4-8）主要适用于对脱轨颠覆后车体与转向架或轮轴没有分离的机车车辆实施事故救援的侧顶扶正作业，适用于电气化区段、隧道、明洞、路堑和侵入邻线的各类脱线倾斜和颠覆事故的救援起复工作。在配用专用索具后，也可完成开通线路所需的翻车作业和紧急状况下的更换台车或轮轴作业。

整套设备组成由泵站、控制台、大千斤顶、爪式千斤顶、传力缆梯、辅件等组成。采用分件搬运、现场组合的设计原则，单件重量不大于100 kg，搬运方便，操作灵活。

设备存在以下优点：

（1）操作人员远离事故车进行操作。在一定距离外安全操作，有效保证操作人员的人身安全。

（2）工作速度快、功能可靠。

（3）先进的阀门工艺使顶高和下降精确度分毫不差。

（4）自动的安全紧急停止装置，防止载荷突然下降。

（5）分部件搬运，容易装配，便于运输。

图4-8　铁路机车车辆扶正救援设备

4.3.5　加砂设备

1. 固定式加砂设备

固定式加砂设备适用于各机型列车整备作业时，为砂箱补充机砂。设备应具有砂房输砂系统、砂仓、气动输送系统、集中除尘系统、配砂站、电控系统、空压机组、综合管路系统等。该套设备在真空泵的作用下，采取吸入方式将成品砂输送到上砂罐内，列车到位后，打开下砂阀，砂自动流入列车砂箱内。在给砂罐输砂时，输砂管采用双管旋转技术，内管133 mm、外管159 mm，内管在转管器的作用下能够旋转360°，避免冬季因室内外温差砂管不能正常输砂，同时也减少了输砂管的磨损，提高了设备使用年限。在回风系统安装一台除尘器，防止砂进入真空泵而损坏主机；在输砂的同时又将砂中杂物及灰尘得到进一步的处理，真空泵排出的气体符合排放标准，在整套过程是在密封状态下进行，工作平稳，无环境污染。

2. 移动式加砂小车

移动式加砂小车（见图4-9）用于人工对有轨电车车辆进行加砂作业，上砂、卸砂一体化，无粉尘、无外漏，作业快捷方便，减轻劳动强度。当有轨电车维修时，或砂箱内出现板结和砂管堵塞时，需要将砂箱吸空进行排障处理，上砂小车通过转换控制阀，将上砂车变成卸砂车，能够完全将砂箱里的砂料抽空。

图4-9　移动式加砂小车

4.3.6　其他设备

1. 氢气置换装置

氢气置换装置（见图4-10）用于对有轨电车氢系统进行氢气置换或氮气置换的专用设备。置换装置经过加氢口，两端管路都设有手动阀。加氢过程中，关闭手动针阀，以及放空阀，可完成加氢的过程。加氢完成后，打开放空球阀，排放管路内的气体。在置换的过程中，关闭手动球阀、放空阀，气体通过压力开关、卸荷阀、单向阀进入氢系统。通过控制手动针阀的开度可以控制气体的流量，降低管路内与瓶内的压差。当管路内的压力达到压力开关的设定值时，压力开关自动关断。关闭手动针阀，打开放空针阀，达到置换的作用。

图4-10　氢气置换装置

2. 自动恒流充放电机

自动恒流充放电机（见图 4-11）用于对蓄电池的自动充放电作业，集充电、放电、循环充放、初充电等模式于一体。各种模式中的电流、电压数值及各阶段的维持时间可根据电池工况需要设置。

图 4-11 自动恒流充放电机

3. 动力电池充电设备

轨道交通动力电池充电设备（见图 4-12）的主体是由 IGBT 构成的大功率充电设备，主要功能为通过与有轨电车内部 BMS（建筑设备管理系统）通信，对电池系统进行充电。动力电池充电设备支持恒电流、恒电压、恒功率充电模式，网侧功率因数高，谐波小。硬件本身具有输入和输出的过流、输入过压、输入欠压、超温、短路等多重保护功能。

图 4-12 有轨电车动力电池充电设备

4. 静调电源柜

静调电源柜可以为地铁列车/有轨电车提供 DC 1500 V/DC 750 V 电源，满足地铁列车/有轨电车电气设备及电客车辆空调的维修调试需求。静调电源柜操作简单，只需要按动一个按钮就可以实现启动和停止设备工作。输出电压超过传感器设置的警戒值时设备自动停止工作。

设备输出短路时能在极短的时间内停止设备工作，且具有较大的电流分断能力。设备元器件全部采用国内外知名品牌，主要元器件全部使用西门子、赛雪龙等进口品牌。只有设备的输出供电插头连接好之后设备才能正常工作。设备故障时，可通过自检程序快速查找故障。可实现多台静调电源柜紧急停止安全连锁。

4.4 加氢站

目前国内加氢站管理为独立运营管理，因其通用特性，本章仅以外供氢加氢站为例讲解。

4.4.1 加氢站布局

1. 常规场站布局

加氢站按照使用功能划分区域为加氢作业区和辅助服务区。

加氢作业区是指在加氢站内布置氢气卸车设施、固定储氢设施、加氢机、卸气柱、放散管、氢气长管拖车卸车停车位、氢气压缩机等设备的区域。

辅助服务区是指在加氢用地红线范围内加氢区以外的区域，包括办公室、值班室、营业间、控制室、变配电间、卫生间等站房区域。

加氢区与辅助服务区之间应有界线标识，设界线标识主要是为加强作业区管理。加氢服务区内，不得有"明火地点"或"散发火花地点"，加氢区内大部分为爆炸危险区域，需要对"明火地点"或"散发火花地点"严加防范。

固定储氢设施、加氢机和站房等是加氢站平面布局的关键要素，既要考虑加氢站现有土地状况，也要考虑加氢站周边现状和加氢站各个设施间的防火距离。随着新能源的运用，在加氢站平面布局中，增设加气、充电等装置作为完善加氢站功能的补充，就需从平面布局和投资效益进行综合分析考虑。

2. 正线场站布置

加氢站作为氢能源有轨电车重要的能源补充点，在列车运营组织中占据着重要的地位。常规氢能源有轨电车加氢前需要在正线清客完毕通过出入场线回到加氢站进行加氢作业，此种加氢形式对线路配车数量、行车组织提出较高要求，且会频繁占用社会道路（出入场期间）。根据《加氢站技术规范》（GB 50516—2010）对加氢设施防火距离的相关要求，建议有条件的线路可考虑在正线一端加设一个加氢岛，更有利于正线运营组织效率的提升。

正线加氢岛设置要求参考如下：

（1）此加氢岛不作为常规加氢组织过程中的注氢点，仅当列车发生故障、拥堵等耗氢严重时进行加氢。

（2）加氢机设置在终点站站后折返线两侧。

（3）加氢机与城市主干道近端距离不小于 6 m，与大型商超等重要公共建筑不小于 50 m；

（4）储氢罐、放空管与城市主干道近端距离不小于 15 m；

（5）氢岛封闭管理，无关人员禁止进入，周围无人员密集场所，全天 24 小时人员值守。

（6）相关安全防护设备、标识标贴、管理规定等按照普通加氢站规定执行。

（7）进入折返线的列车禁止除司机以外的人员乘车进入（车辆检修人员除外）。

4.4.2　加氢站工艺设备

加氢站工艺设备中主要有压缩机、固定储氢设施、加氢机等。这三大工艺设备的性能参数决定了加氢站的整体加注能力和储氢能力。在建站规模确定的情况下，通过设备参数和设备数量的匹配，以达到加氢站最优和最经济的设备配置。

1. 压缩机

压缩机作为加氢站内的核心设备，承担了氢气增压的重要作用。目前国内加氢站常用的氢气压缩机主要有隔膜式压缩机、液驱式压缩机和离子液压缩机等。其中隔膜式压缩机和液驱式压缩机主要应用于储氢压力不大于 45 MPa 的加氢站，多个国内生产厂家的相关技术也已日趋成熟；离子液压缩机主要应用于储氢压力 90 MPa 的加氢站，国内该压力等级的压缩机尚在研制过程中，目前主要还是依赖于进口。

（1）隔膜压缩机。

隔膜式压缩机具有特设的膜片，将被压缩的气体与外界隔开。隔膜式压缩机中，气缸的职能由一个膜腔来完成，膜腔是由具有穿形型面的盖板和弹性膜片组成的空腔，膜片周边被紧固在盖板与机体之间，当膜片上下挠曲变形时，膜腔中的容积随之变化，从而完成气体的压缩及排气。金属膜片式隔膜压缩机采用液力驱动膜片，膜片可紧贴盖板穿形表面，因此相对余隙很小，而且气体与液体之间的膜片极薄，压缩过程中散热情况较好。目前金属隔膜压缩机的最高排气压力可达 70 MPa，但是由于膜片的变形量有限，处理的气体量一般较小。

（2）液驱式压缩机。

液驱式压缩机的动力缸与往复泵的工作腔直接相通，往复泵的活塞通过液体（大多为油）驱动压缩机活塞完成气体的压缩。液驱式压缩机中部为对置式的两个气缸，柱塞为活塞，用来压缩氢气，上部为控制滑阀，用于释放动力液缸中的油。这种结构可以做成多列，因此功率较大。

（3）离子液压缩机。

离子液体通常用于自动化、航空航天、电子电器或能源领域，作为工程流体或新材料使用。离子液体本身几乎不可压缩，几乎没有蒸气压，可以替代金属在等温条件下产生高压，并且能长期运行而无需维护，节省能耗。离子液压缩机的构造简单，相比普通压缩机的零件大大减少，因此维护方便。目前在国外已用于部分天然气加气站和氢能供应站，最高排气压力可达到 90 MPa 以上。

国内多个压缩机制造企业在隔膜式压缩机和液驱式压缩机的技术研发方面已日趋成熟，有相当一部分加氢站已开始应用完全国产化的氢气压缩机。但相对而言，国产压缩机在稳定性可靠性方面还有待提高。目前，国内有相当一部分加氢站设备供应商，采购进口的压缩机机头作为核心部件，配套辅助部件采用国内采购和组装的方式。这样，对于建设单位而言，不仅提高了设备的可靠性，同时也降低了设备采购成本。目前，国内已建成或在建的35 MPa加氢站较多采用隔膜式压缩机或液驱式压缩机。离子压缩机由于价格较高，更适用于加注压力较高的70 MPa加氢站。

2. 固定储氢设施

国内近期建成或在建的加氢站主要采用高压储氢瓶组和高压储氢罐作为站内的固定储氢设施。

高压储氢设施具有氢气储存和压力缓冲作用，通过压力、温度等传感器对储存介质参数、安全状态等进行监测。加氢站氢气储存系统的工作压力越高或该工作压力与氢能汽车充氢压力差越大，将使氢能汽车充氢时间缩短；氢气储存系统工作压力的提高也会使氢气压缩机开启频繁度降低。

（1）储氢压力不大于20 MPa时，一般可选用高压储氢瓶组作为储氢设施。目前主要应用于通过低压管道氢气作为气源的加氢站，作为第一级储氢。该类储氢瓶组参照ASME（American Society of Mechanical Engineers，美国机械工程师协会）标准及《固定式压力容器安全技术监察规程》（TSG21—2016）的要求进行设计制造，主体材质为4130X高强度结构钢，瓶身为单层厚壁结构。

（2）储氢压力大于20 MPa时，考虑到高压氢气的"氢脆腐蚀"，一般选用高压储氢罐作为储氢设施，储罐壁也变为多层结构形式，内层采用耐氢脆腐蚀的不锈钢材质，外层采用高强度碳钢进行加固，从而兼具耐腐蚀和耐高压的特点。35 MPa加氢站通常采用最高储氢压力为45 MPa的储氢罐，70 MPa加氢站通常还要增设最高储氢压力为90 MPa的储氢罐。

（3）加氢机。

加氢机的主要功能是为氢燃料电池车载储氢瓶进行加注。

加氢机的基本部件包括箱体、用户显示面板、加氢口、加氢软管、拉断阀、流量计量、控制系统、过滤器、节流保护、管道、阀门、管件和安全系统等。另外，还包括一些辅助系统：电子读卡系统（如收费系统）、多级储气优先控制系统、两种不同压力的辅助加氢口和软管、温度补偿系统和车辆信息整合控制系统。

加氢机加注时有"焦-汤效应"，导致氢气温度上升。因此加注过程中如何防止氢气温度不断升高是加氢机的关键性能之一。目前国内主要的35 MPa加氢机生产商在应对加注时氢气升温方面主要采用下面两种方式：

（1）采用美国机动车工程师协会（Society of Auto motive Engineers，SAE）J2601标准，在加氢机内设置与汽车车载瓶相连接的通信接口，将加注过程中车载气瓶的温度和压力信号输入到加氢机内，实现自动调节加氢升压速率，达到控制氢气温度的效果。

（2）采用加氢前预冷的方式。氢气进入加氢机前首先通过一台外置换热器进行换热，使氢气温度下降后对车载气瓶进行加注。换热器冷却介质为低温循环冷却水，需要外设一台大功率冷水机组将冷却水温度降至5～10 ℃。

在上述两种加氢机的选择上，可根据项目具体实际情况确定。如站址面积较为紧凑，且对节能要求较高的加氢站，可考虑采用第一种加氢机；对日常加注车辆较多，需要实现快速加氢需求的，可考虑采用第二种加氢机。另外，加氢机的加注速率还与加氢站内压缩机配置和储氢罐容积有关，设计时应综合考虑。

土建和机电工程

5.1 土建工程

5.1.1 线路与轨道

1. 钢轨

钢轨是有轨电车轨道的主要组成部件。钢轨类型的选择应充分考虑与有轨电车系统相适应，满足轮轨匹配关系，并兼顾其生产、制造，与道路硬化、景观绿化的协调。同时，需保证轨道具有良好的动力响应特性和稳定性，在长期运营中保持良好的平顺性，减少养护维修工作量并延长使用寿命。对于有轨电车，通常选择的钢轨类型有 50 kg/m 钢轨和槽型轨两种（见图 5-1）。

图 5-1　钢轨

50 kg/m 钢轨采用具有最佳抗弯性能的工字形断面，是国内铁路及城市轨道交通广泛采用的钢轨类型，我国已形成一整套的完整质量体系，技术成熟，使用广泛。50 kg/m 钢轨在耐磨性、稳定性、运行平稳性以及使用寿命等方面均能满足本工程有轨电车的使用要求。

槽型轨在国外有轨电车系统中大量使用，其技术优点如下。

（1）用于共用路权段时，轨道与行车路面容易衔接，改善了机动车的行车条件，能对有轨电车踏面形成较好的保护作用，确保行车安全。

（2）用于独立路权段时，由于在钢轨上设置了轮缘槽，可最大限度地实现绿化和铺面面积，取得良好的景观效果。

（3）在小半径曲线地段，槽型轨能起到护轨的作用，防止车辆脱轨，同时可减小钢轨磨耗。

（4）可简化轨道结构，加快施工速度。

目前，国内绝大部分有轨电车，如沈阳、广州、珠海、苏州等地有轨电车，在正线均采用了槽型轨，其技术成熟、使用广泛。

2. 扣件

扣件（见图5-2）是轨道结构的重要组成部件，它直接影响轨道结构整体功能的安全与稳定。扣件维持钢轨在空间的几何尺寸，承受来自钢轨的竖向垂直力、横向水平力和纵向水平力，并传递给轨枕，因此要求扣件具有足够的强度和扣压力、适度的弹性以及充足的调整能力，并能保持和调整轨距，还应能调整钢轨高低，扣件零部件尽量标准化、通用化、结构简单，便于安装和维修。同时，要兼顾有轨电车的车辆特点和轨道埋设环境。

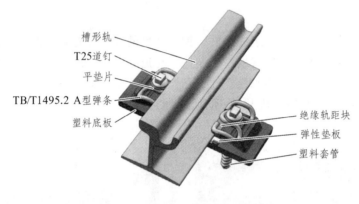

图 5-2 扣件

有轨电车工程采用的钢轨安装方式主要有树脂粘结式、扣板式扣件、"e"形弹条分开式扣件和"ω"形弹条不分开式扣件四种。目前国内既有的"ω"形弹条不分开式扣件多为适用于地铁或者低等级铁路的钢轨扣件系统。这极易造成系统不匹配和材料上的浪费，更重要的是扣件组成部件多是铁件，埋入地下后极易生锈腐蚀，严重影响有轨电车轨道的使用寿命，也不便于今后轨道的养护维修。

共用路权段为实现钢轨、扣件与硬化路面之间的有效隔离，保证扣件弹性，采用"轨腰弹性块+弹条扣罩+轨下泡沫垫板"的防护方案。独立路权段为保证景观效果，同时考虑到经济性，采用"钢轨仿形包裹+弹条扣罩+轨下泡沫垫板"的防护方案（见图5-3）。

3. 道床

道床（见图5-4）是轨道的基础，目前道床形式主要有整体道床和碎石道床两类。整体道床结构稳定、外观整洁，养护维修量小，但对下部基础的变形要求高；碎石道床具有结构简单、弹性好、易于铺设、方便更换等特点，但轨道几何形位不易保证，需要定期进行养护维修。目前，国内有轨电车常用的整体道床主要有短枕式整体道床和长轨枕式整体道床两种。

现今有轨电车常用的混凝土轨枕有长轨枕和短轨枕两种，短枕式整体道床构造简单、造价相对低廉。短枕式整体道床在路基段采取满铺式结构，在桥梁地段采取条块式结构。

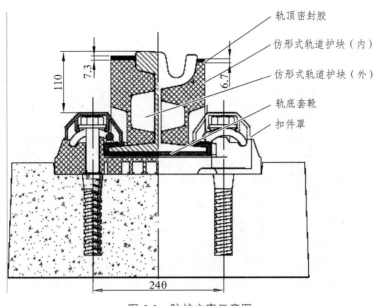

图 5-3 防护方案示意图

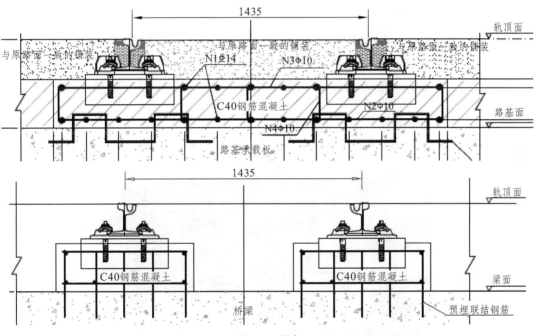

图 5-4 道床

另外，由于道岔区存在诸多结构及几何不平顺，岔区轨道状态直接影响行车的平稳性和舒适性以及道岔结构的使用寿命，为保证道岔组装精度，提高道岔稳定性和整体性，岔区采用长轨枕。

有轨电车线路对景观效果要求高，可以在独立路权段在道床表面覆土并绿化，绿化土将钢轨、扣件全覆盖，至与轨顶平齐，钢轨内外侧均绿化，实现景观效果最大化。

共用路权地段道床结构满足社会车辆通行要求，轨行区范围道床表面硬化至轨面平齐。在道床上部采用与相邻路面一致的路面铺装，以达到与两侧道路协调统一的效果。

在路基专业设置的集水井处，轨道专业在道床表面设置横向排水沟（见图 5-5）。道床表面积水通过横向排水沟引入到路基集水井内，再通过路基集水井排入到市政排水系统中。同时，在道床横向排水沟处，在槽型轨轨槽内钻孔，以排除槽型轨轨槽内的积水。

图 5-5　横向排水沟

4. 道岔

道岔（见图 5-6）选型应根据车辆的运行条件、线路的折返能力、便于运营后养护维修及节约用地的原则，并兼顾共用路权地段混行要求，尽可能选用标准化产品。有轨电车道岔结构较为灵活，可根据不同地段的要求进行设计，一般可采用 3#、4#、5#、6#等小号码槽型轨道岔。

目前，有轨电车停车场内较为常用的道岔主要有 3 号道岔和梳式道岔两种。前者在国内有轨电车中大量采用，主要是因为该种布置方式结构合理、工艺流畅，能满足本线要求。

图 5-6　道岔

5. 无缝线路

为减少钢轨接头冲击引起的振动和噪声，改善行车条件，保证乘客舒适，体现以人为本的设计思路，减少养护维修量，延长轨道、车辆部件的使用寿命，所以采用正线、辅助线为无缝线路。

有轨电车曲线半径较小，在采用无缝线路的同时，对于小半径曲线地段（$R \leqslant 300$ m 地段），应采取设置轨距拉杆、加密轨枕的加强措施，以保证轨道的稳定性。

6. 轨道减振降噪

轨道结构的减振降噪措施如下：

（1）正线采用槽型轨、弹性垫板和弹性扣件。

（2）制订并执行严格的施工技术标准，确保轨道结构品质优良。

（3）严格控制轨道设备如扣件、道岔等制造公差，为铺设高质量的轨道系统打下基础。

（4）铺设无缝线路，减少钢轨接头，降低钢轨接头产生的振动和噪声。

（5）建议在线路与受影响的设备设施交叉处前后各 50 m 采用隔离式减振垫道床，减少轨道振动带来的不利影响。

5.1.2 车站

1. 主要设计原则

（1）车站布置符合城市总体规划及有轨电车网规划的要求，在考虑最大限度地吸引客流的同时，能妥善处理与城市道路、地面建筑、城市绿化、地下管线及构筑物等之间的关系。

（2）车站建筑按国家现行的有关规范和标准进行设计。车站防灾设计参照并基本满足《建筑设计防火规范》（GB 50016—2014）、《城市轨道交通工程项目建设标准》（建标 104—2008）、《城市轨道交通技术规范》（GB 50490—2009）和有关规范的要求。

（3）车站站位根据站址周围环境条件，紧密结合城市规划和两侧设施，确定车站位置，并根据客流需求，路口交通设施，合理组织、合理布置人员进出位置，最大限度地方便乘客能够安全、方便、迅速地进、出车站。

（4）为实现"安全、可靠、经济、适用"的建设目标，合理确定车站类型、规模和布置形式。在满足乘客需求和运营管理及行车安全的前提下，充分利用地形、地貌条件，最大限度地压缩车站规模。

（5）车站注意建筑体量、造型及材料对周围环境的影响。车站采用敞开式风雨棚，达到通风良好，通透明亮的效果。建筑造型充分体现交通建筑简洁、明快的特色，富有时代气息。

（6）地面站宜利用站台端进出客流，根据城市路口信号灯的设置情况并结合地面过街条件，合理确定出入口位置，设置 3 座过街天桥，充分考虑无障碍设计，与周围城市无障碍交通系统衔接。

2. 车站装修

有轨电车的站台一般分为岛式站台（站台在中间，见图 5-7）、岛侧式站台（站台在中间，见图 5-8）、侧式站台（站台在路两侧，位置相对，见图 5-9）、错开侧式站台（站台在路两侧，位置错开，见图 5-10）。具体采用什么方式的站台，应主要考虑当前道路的路况，以对社会交通影响最小的选择为优。

3. 车站装修

新型有轨电车车站属一级交通类建筑，车站装修材料应符合防火、防潮、防腐、防锈、防滑、防静电吸尘、减噪、经济耐久，便于施工和维修，易于清洁，放射性指标符合国家有关规定，并且能方便各种管线、灯具、设备系统的安装与维护。另外，车站建筑装修材料的选材应结合项目本地区建材，因地制宜地充分利用该地区的建材资源，合理、经济地取材及用材。

站台地面应采用防滑花岗石铺贴，站台有雨棚立柱、乘车信息牌、广告灯箱、候车座椅、垃圾箱、设备机箱等，其他设备及用房应根据车站实际需求情况设置。

图 5-7　岛式站台

图 5-8　岛侧式站台

图 5-9　侧式站台

图 5-10　错开侧式站台

4. 车站其他配套设施

（1）无障碍设施。

各车站根据要求规范设置无障碍设施，站台边铺设与周边道路连接的盲道，盲道接顺至站内。沿途及进出车站口处有高差处均设坡道接顺，坡道坡度不大于 1/12，宽度符合使用要求。有效站台内地面有盲道提示上下车的位置。车站内的各种无障碍设施均有专门标志和指示牌，力求为所有乘客提供同质同量的高水平服务。道路较宽的地段，为便于行人过街，预留远期结合车站考虑设置过街人行天桥的条件。

（2）导盲带。

车站设有导盲带，导盲带按照国家标准进行设计，在保证美观的前提下为特定人群提供高质量服务。

（3）导向设计。

导向设计是整个城市轨道交通网络导向标识系统的基础和重要组成部分。各线路的标识系统在视觉形象及信息表达上应保持一致，以便于形成统一的视觉形象和识别特征。

标识在外观形式、造型风格上结合本项目的具体情况（如概念定位、车站装修）进行确定。导向指示牌标识内容和符号、字体、颜色醒目且简洁明了，制作精致美观，富有时代气息，大小、高度及宽度均符合乘客的视觉要求。

（4）广告牌及灯箱。

车站站台内设置的广告牌及灯箱结合车站特点，在规范设计的基础上，根据车站的特色进行具体设计，以求达到美观的目的。

（5）车站雨棚。

车站均为地面车站，与外界直接连通。车站雨棚（见图 5-11）除了满足遮阳、挡雨的基本条件，雨棚立柱与广告牌、灯箱、景观及装修结合，雨棚与全线风格融为一个整体。

图 5-11　车站雨棚

5.1.3　路基、桥梁、隧道、涵管

1. 路基

路基除承受轨道和列车荷载作用外，还长期承受各种自然因素的作用。在静、动荷载及各种气象和水文条件作用下，路基应保证足够的强度、稳定性和耐久性。有轨电车线路在道路上的设置形式可分为道路中间式、主路路侧式、道路侧式和双向同侧式四种。

路基排水系统应根据沿线的地形地势、气象水文条件及线路的平纵断面，结合车站及市政排水设施进行设计，充分利用既有排水设施。有轨电车位于市政道路范围，路基工程在保证有轨电车线路稳定、行车安全的基础上，考虑与市政道路工程相协调。路基工程应以安全适用、技术先进、经济合理为原则，尽可能减少占地，并考虑环境保护的要求，不挤占压缩河道，避免影响河道行洪安全。

2. 桥梁

桥梁在满足使用功能的前提下，结构设计应遵循安全适用、经济合理、美观耐久的原则，严格执行国家相关强制性规范。

区间桥梁结构在施工和使用期间应满足强度、刚度、稳定性及耐久性的要求。

区间桥梁结构作为城市建筑物，其建筑形式应考虑城市景观的要求，造型要新颖、美观与城市规划相结合，与地面建筑、周边环境相协调，与自然相融合。其结构应尽可能减少振动、噪声对周边环境的影响。

桥梁结构线位及墩位布置应符合城市规划要求，跨越铁路、公路、城市道路及河流时，桥梁孔径及桥下净空应满足相应规范和有关部门的规划限界要求，并预留施工误差、结构变形值、沉降值。

桥梁设计应因地制宜，施工方法应经济合理、可靠，尽量减少对周边环境的影响。结构应构造简洁、美观，力求标准化、系列化。选用的结构形式和材料应有利于减振、降噪，并便于施工、养护和运营。

车站桥梁及区间桥梁主要承重结构设计应满足 100 年正常使用需求。天桥及涵洞等附属结构可按使用年限 50 年进行设计。钢结构防腐体系使用年限为 20 年。

设计洪水频率：宜采用百年一遇洪水频率。当采用百年一遇洪水频率而引起桥面高程较高，实施困难时，也可按照相交河道和排洪渠的规划洪水频率设计，但应确保桥梁结构在百年一遇洪水频率下的安全。

桥梁建筑限界：区间直线地段线间距不小于 3.8 m，车辆的侧向设备限界考虑一系或二系弹簧意外损坏和未计及因素引起的车辆额外偏移，但不包括事故工况。桥面布置考虑设备限界外安装电缆槽（支架）、护板、锚固空间、曲线半径大小和线间距加宽的要求及施工误差的影响。

3. 隧道

隧道的种类很多，按断面形状分，有圆形隧道、拱形隧道、卵形隧道、矩形隧道等；按位置分，有傍山隧道、越岭隧道、水底隧道和地下隧道等；按衬砌结构分，有直墙式衬砌隧道、曲墙式衬砌隧道、曲边墙加仰拱衬砌隧道等；按隧道内铁路线路数分，有单线隧道、双线隧道和多线隧道等。隧道的设置要结合本项目的实际情况合理布设。

4. 涵管

涵管（见图 5-12）要根据线路的下穿通道和水利方面的需要设置，如箱涵需与中间已施工涵洞接顺，箱涵的构造形式和箱涵的底板、顶板及设计水位高需与已施工涵洞保持一致，如与设计不符应及时通知设计单位。箱涵施工前应取得水利部门的正式批复。箱涵 U 形槽地基根据涵底地层深度不同，分别采用小方桩处理、地基换填处理。

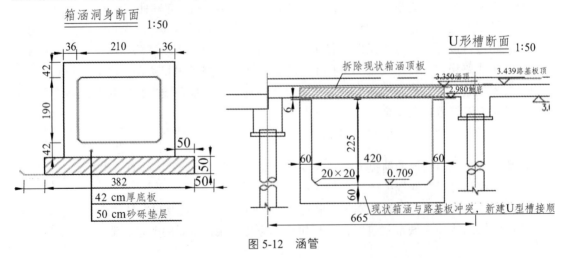

图 5-12 涵管

5.1.4 平交路口与标识标线

路面标线（见图 5-13）是根据道路断面形式、路宽以及交通管理的需要画定的。路面标线形式有车行道中心线、车行道边缘线、车道分界线、停止线、人行横道线、减速让行线、导流标线、平面交叉口渠化标线、车行道宽度渐变段标线、停车位标线、停靠站标线、导向箭头以及路面文字或图形标记等。

图 5-13　路面标线

配合指路标志在车道上标注分流的标线箭头。在平交路口处设置人行横道标线或人行横道预告标识线，在平交路口的入口端重复设置 2～3 组的路面导向箭头。在与线路相连接的被交道路出入口处设平交路口渠化标线。

5.2　机电工程

5.2.1　信号系统

1. 运营调度辅助系统

运营调度辅助系统实现控制中心对电车运行的监控和调度，完成电车运行监督、车次号跟踪、运行图编制管理、统计运营数据、正线信号设备集中维护等功能，对运行于线路上的所有列车进行运营管理与运行调整，同时，对线路上信号设备的状态进行监视。系统通过轨旁光纤通信网络与正线道岔控制区系统、道口信号系统、停车场计算机联锁系统的连接，获取列车运行状态信息、设备状态信息和列车位置等信息。系统通过轨旁无线通信网获取车载信号系统的列车位置、车速等信息。

运营调度辅助系统采用中心集中管理和控制的设计原则，主要设备和网络均按照冗余配置，以提高系统的可靠性，包括中心控制主机、中心通信处理器、中心数据库服务器、维护服务器、中心局域网及外部通信接口设备。其构成示意如图 5-14 所示。

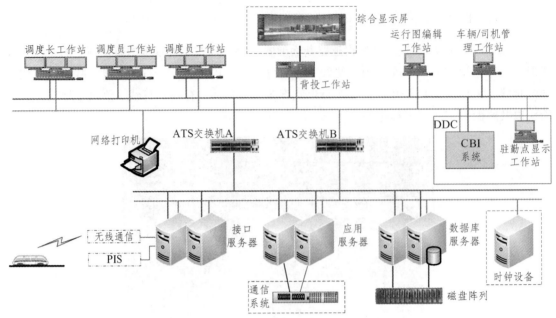

注：图中的虚线设备由信号专业之外的系统提供。

图 5-14　运营调度辅助系统总体结构示意图

2. 正线道岔区控制系统

正线道岔区控制系统根据轨道交通信号系统相关标准设计，对正线道岔进行安全控制，实现道岔区内转辙机、信号机及轨道区段之间正确的联锁关系，是保证列车运行安全的设备，必须满足"故障-安全"原则。

正线道岔区控制系统主要由道岔控制器、联网单元、岔区车-地无线通信设备（AP 及无线）、列车定位设备（信标）、空闲/占用检测设备（计轴）、进路表示器及地埋式转辙机等设备组成。遵循"故障-安全"原则。

正线道岔区控制系统的主要功能是根据指令排列并锁闭进路，确保列车行驶安全。正线道岔区控制系统典型岔区结构示意图如图 5-15 所示。正线道岔区控制系统结构，如图 5-16 所示。

3. 道口信号系统

道口信号系统实现有轨电车与社会车辆在交叉路口的控制，并与公路交通灯系统共同完成路口信号系统的功能扩充，实现各种交通安全、有序、高效运行。

道口信号系统通过对列车接近和离去道口的检测，完成与公路交通灯系统对接，控制有轨电车道口信号机，实现有轨电车与社会车辆在交叉路口的流量控制。

道口信号系统结构如图 5-17 所示。

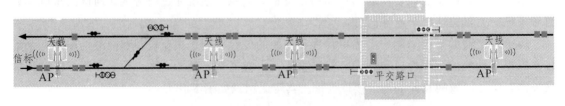

图 5-15　正线道岔区控制系统典型岔区结构示意图

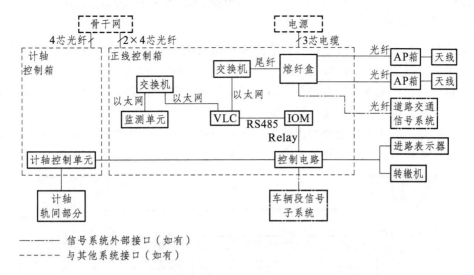

—·— 信号系统外部接口（如有）
------ 与其他系统接口（如有）

图 5-16　正线道岔区控制系统设备结构框图

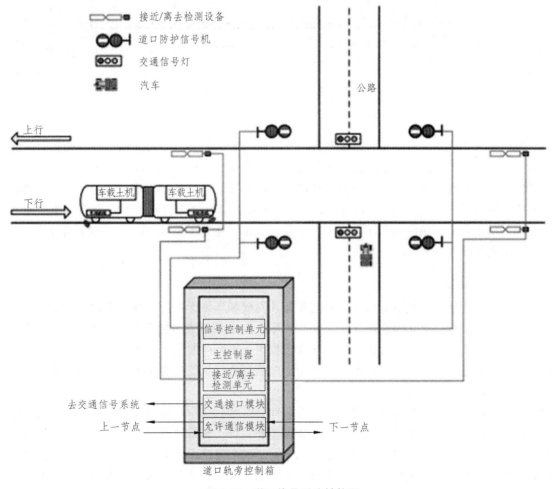

图 5-17　道口信号系统结构图

4. 车载信号系统

车载信号系统是重要的行车设备，它用来辅助司机进行正线行车，提供人工进路指令下达功能；车载设备通过自定位将当前列车位置实时向控制中心上报。

车载信号系统可实现列车自定位、轨旁设备状态显示、进路排列、列车与控制中心无线通信、列车与正线道岔控制系统通信、操作员身份识别及记录管理等功能。

车载信号系统的主要功能是与正线道岔区控制系统、运营调度辅助系统通信，定位测速和平交路口优先申请。车载信号系统构成如图 5-18 所示。

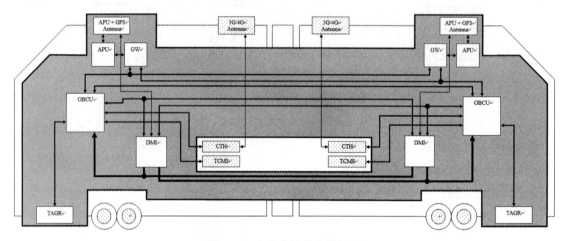

图 5-18　车载信号系统结构图

5. 停车场计算机联锁系统

停车场计算机联锁系统对进出段及段内作业进行集中控制，实现段内道岔、轨道区段及信号机的正确联锁关系，保证进出段列车进路和段内调车进路的车辆运行安全。

停车场计算机联锁系统主要由计算机联锁系统和计轴系统共同组成。其中计算机联锁系统通常采用二乘二取二冗余结构的计算机联锁，安全完整性等级达到 SIL4，能满足有轨电车停车场进出段作业、场内调车作业、洗车作业、试车作业等不同业务需求。停车场计算机联锁系统构成如图 5-19 所示。

6. 全自动无人驾驶系统

世界各国先进城市轨道交通都在向列车无人驾驶和车站无人值守或少人化值守的方向发展，也有一些国家的城市轨道交通在逐步向全天候 24 小时运营方向发展。这些运行模式都对城市轨道交通的自动化、信息化和智能化建设提出了更高的要求。大数据、云计算、无线通信等新兴技术的发展，为城市轨道交通不断走向信息化、智能化提供了技术支撑，我国城市轨道交通智能化建设将大有可为。

城市轨道交通的迅猛发展，同时带动着车辆、信号、通信及综合监控系统等领域及系统集成技术的快速发展。随着相关技术的不断进步和完善，城市轨道交通全自动无人驾驶技术日趋成熟。目前，哥本哈根、巴黎、温哥华等城市的全自动无人驾驶列车已投入运行，越来越多的城市在建地铁时选择全自动无人驾驶（UTO）系统，甚至很多国外城市考虑将既有线改造成全自动无人驾驶线路。纵观世界，UTO 系统正引领着城市轨道交通未来的发展趋势。

UTO 系统控制路径如图 5-20 所示。UTO 模式列车牵引、制动驾驶控制如图 5-21 所示。UTO 列车唤醒功能如图 5-22 所示。

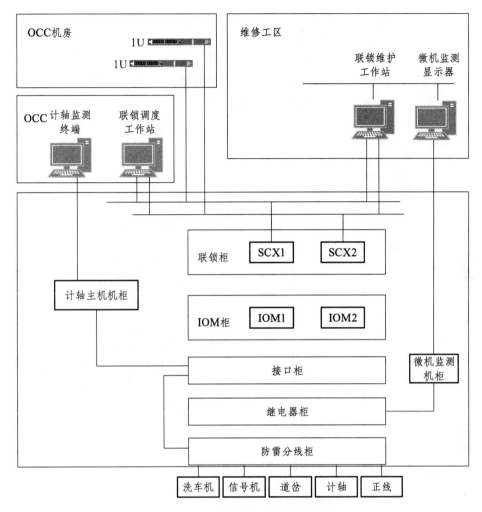

图 5-19　停车场计算机联锁系统结构图

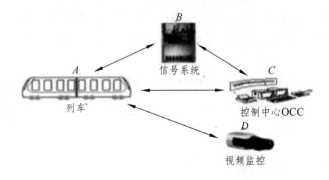

图 5-20　UTO 系统控制路径示意图

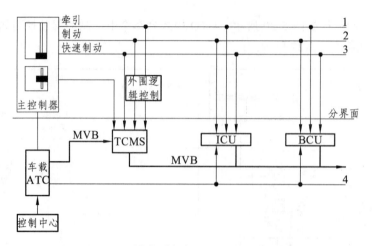

图 5-21　UTO 模式列车牵引、制动驾驶控制框图

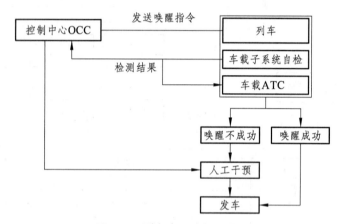

图 5-22　列车唤醒功能原理图

5.2.2　通信系统

1. 传输系统

传输系统为行车指挥、旅客服务等业务应用系统提供网络服务，并为运输提供高质量的语音、数据及图像通信业务，具备高可靠性、可用性、可维护性及可扩展性。

车辆段及调度中心设基于以太网的传输设备，通过光缆直接连接组网，为通信系统中的各个子系统以及电力变电所电力监控（PSCADA）、信号等专业提供可靠的、冗余的、可重构的、灵活的数据传输通道。

传输系统集成先进的计算机技术、网络技术和通信技术为一体，具备数字化、网络化、高安全化、易管理性等特点，它必须迅速、准确、可靠地传送有轨电车运营、管理所需的各种信息。

（1）功能需求。

① 满足各子系统传输容量的要求，提供所需的业务接口。

② 传输系统从逻辑上提供保护传输通道，并利用区间中的传输介质，从物理上构成自愈环，以确保传输系统的可靠性。

③可为通信网中的各节点提供点对点直通式、一点对多点共用式、总线式等信道形式。

（2）传输内容。

①视频信息：在各车站站台、变电所采集视频信号，经过视频编码器数字化后进行传输。

②乘客服务信息：乘客服务信息的传输由后台服务系统控制各站 PIS（乘客信息系统）屏 IP（互联网协议）地址实现。主要是控制中心向各车站站台发布的信息，包括列车到站、车辆方向、到站时间等服务信息。

③运营调度信息：车辆段的调度信息，包括调度指令、司机发车指示、车辆定位信息等。

④电力监控信息：控制中心对变电所的遥信、遥测、遥调、遥控信息等。

2. 乘客信息系统

为便于乘客更直观地了解信息，每个车站设置 PIS 显示屏，向乘客发布乘客服务信息及实时播放控制中心下发的相关信息。

PIS 显示包括应急信息（延误、停运、险情、客控、公交接驳）、日常信息（安全、候车、文明乘车）、辅助信息（延长、停梯、设备未使用、警示/提醒、施工提醒告示、运营组织告示、客流指引）三大模块的内容。

站台 PIS 显示屏显示内容及布局如图 5-23 所示。

图 5-23　站台 PIS 实物图

乘客信息系统（见图 5-24）的网络环境建立在有轨电车综合骨干网的基础上，在控制中心机房，通过三层汇聚交换机将各个服务器、工作站等终端设备接入到综合骨干网内。

各个车站的播放控制器通过综合骨干网部署在车站的接入交换机接入到综合骨干网内。

站台的播放控制器与 LCD 显示屏间的数据传输通过光方式实现。

3. 视频监控系统

视频监控系统是现代化管理手段，它能够在第一时间以图像、文字形式告诉管理、维护和安保人员现场所发生的任何情况，从而做出全面有效的快速反应；也是调度中心管理人员监视有轨电车运行、掌握客流大小和流向、提高行车指挥透明度的辅助通信工具；是现代有轨电车维护和保证运输安全的重要手段，且因有轨电车运营模式与地铁运营模式存在差异，视频监控系统还肩负警用功能。

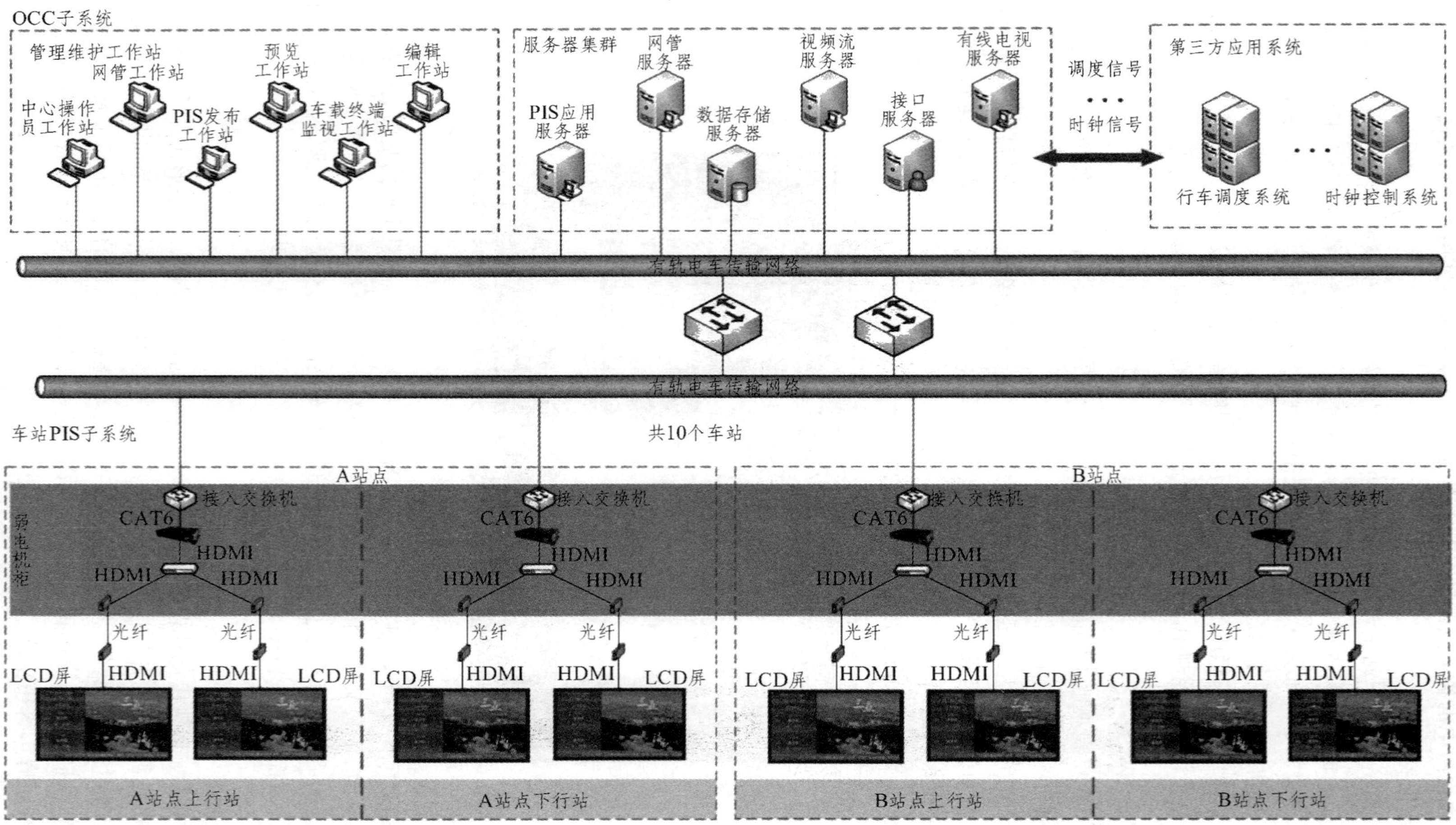

图 5-24 乘客信息系统系统物理拓扑图

视频监控系统（CCTV 系统）主要包括正线车站视频监控、停车场视频监控和控制中心视频监控三部分（见图 5-25）。

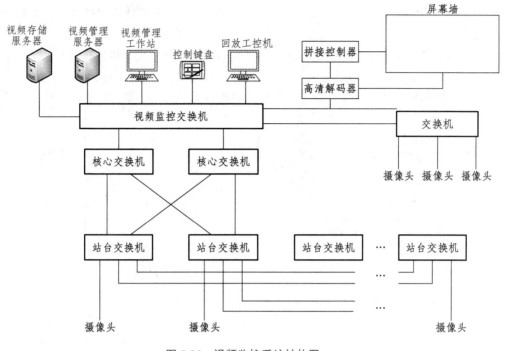

图 5-25　视频监控系统结构图

在车站各站台设置摄像机，车辆段内（含调度中心）设置多媒体服务器、摄像机、解码器、监视器、机柜、电源、辅件等设备。

视频监控系统单元是提高有轨电车运营能力、保障客运安全和列车正常运营的强有力工具，其功能需求如下：

（1）控制中心行车调度、设备调度利用监控终端和显示大屏，监视全线各车站、变电所的情况。

（2）控制中心设置数字录像存储设备，正线、变电所所有摄像机的图像信号进行不间断录像，录像保留时间达到《反恐法》标准要求的 90 天。

（3）控制中心各调度员可以根据时间、地点等信息，调看各点任何一路摄像机的图像信号，并可进行录像保存。

（4）控制中心各调度员能够远程控制摄像机的云台和镜头焦距，用以调整摄像机的视场大小，并可以设定优先级。

4. 广播系统

车站广播包含日常广播、定时广播、应急广播三大类，在特定的场景下为乘客提供服务。

车站广播可接收控制中心的广播，控制中心可通过终端对单个选区或多个选区进行音频话筒或自动广播，接收来自信号系统的信息进行自动广播。为户外防水，扬声器依据站台车站区域的装修采用壁挂的方式安装。

控制中心通过广播终端对各车站的任意分区进行监听，并对预录制语音文件进行广播，可分一次性或周期性进行广播，可设定系统自动停止或人为停止。

5. 无线通信系统

无线通信系统（见图 5-26）依托于公共移动网络，通过车载通信主机接入公共移动网络，与无线接入网关之间建立基于 VPN（虚拟专用网络）连接的安全可靠的数据通道，经防火墙和入侵检测设备后连接至控制中心网络。每辆列车设置 2 套无线车载主机、2 套智能车载台、2 套车载交换机分别置于车头和车尾，车头和车尾顶部各配套设置 1 套无线车载接收装置，车载主机将采集车辆内通信信号数据，进行加密后通过无线公共网络传输至控制中心。

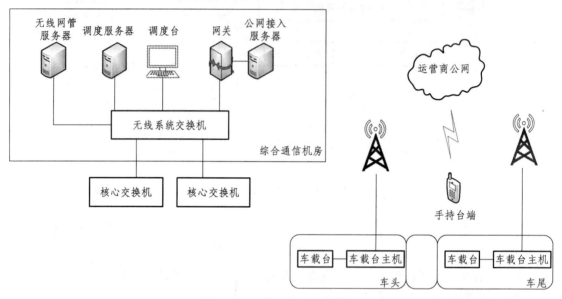

图 5-26　无线通信系统示意图

6. 有线电话系统

有线电话系统支持公务电话和专用电话，采用统一的软交换平台。系统在控制中心设置软交换核心控制设备，包括软交换服务器、录音服务器、网管服务器、计费服务器、中继网关、接入网关以及其他配套设备设施，以实现公务电话以及专用电话的所有功能，为运营、维修等部门工作人员在轨道交通内部及与外部进行公务联系提供基本的手段，也为控制中心调度员进行调度作业提供必要的通信工具。系统应实现有轨电车内部用户间及其与市公众电信网间的通话呼叫、"119"（火警）、"110"（报警）、"120（救护）等特种业务呼叫自动转接、多方会议电话、各种 ISDN 终端接入等。

7. 时钟系统

时钟系统（见图 5-27）为工作人员、乘客及全线机电系统提供统一的标准时间，使全线各机电系统的定时设备与时钟系统同步，从而实现全线统一的时间标准，以提高运营效率和质量。

中心母钟可自动选择接收 GPS/北斗卫星的标准时间信号，中心母钟同时接收两个外部时钟源。一般情况下，以北斗时标信号为主校准信号。当北斗时钟信号中断或无效时，时钟自动切换通过 GPS 时钟信号校准。采用自动切换机制，切换延时为 1 s。

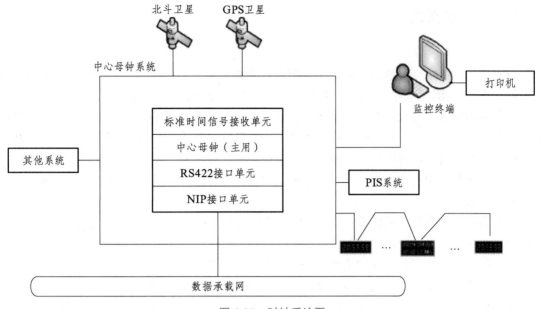

图 5-27　时钟系统图

当接收 GPS/北斗时钟信号出现故障时，中心母钟利用自身的高稳晶振产生的时间信号，仍可驱动子钟正常工作。故障排除后，中心母钟能自动切换接收更高优先级的时钟源信号。

5.2.3　供电系统

1. 10 kV 系统

中压供电网络采用单环网接线形式，由外部电源的进线位置应尽可能地靠近负荷中心位置。可采用双外电源供电，停车场变电站从地方电网引入一路 10 kV 电源，正线上的箱式变电站（以下简称"箱变"）以单线环网形式连接从停车场变电站的 10 kV 电源取电。在线路末端从地方电网引入另外一路 10 kV 电源作为整个环网供电系统的备用电源，当停车场 10 kV 进线电源（或停车场 10 kV 进线电源）故障时，设置在线路末端的箱变 10 kV 进线开关与环网进线开关联锁具备合闸条件时自动投入。

2. 电力监控系统

电力监控系统常使用分层分布式结构，由设在控制中心的中央电力调度系统、各变电所内的变电所综合自动化系统及通讯通道三大部分组成（通讯通道由通信专业提供），形成整个电力系统的全自动化调度指挥监控系统。实施对全线变电所供电设备的监视控制和数据采集，完成变电所调度管理、事故分析和维修管理。

电力监控系统能实现对 10 kV 和 0.4 kV 断路器、电动隔离开关、有载调压开关等远方控制功能。其中远方控制可有多种方式，无论采用何种方式，对同一个被控对象，同时只允许一个调度员工作站对其具有控制权，另一个调度员工作站的控制权应自动取消。电力监控系统能接收来自各被控站内的各种遥信信号，在控制中心进行显示、记录。电力监控系统还能实时采集和显示各被控站电压、电流、有功功率、无功功率有功电度、无功电度等。

5.2.4 机电系统

1. 照明及低压配电系统

照明交流电源由变电所低压配电室的照明配电柜供电，通过电缆分别引至各设备用房的配电柜（箱）。照明配电回路一般装设过载、短路保护；照明插座回路设置漏电保护。

停车场内所有动力照明负荷均由场内设置的变电所供电。其中，动力照明系统容量按远期最大负荷设计，并考虑一定的裕量，负载侧应预留设置有源滤波兼无功补偿功能装置（APF），当用电负荷增加到一定程度时，增设有源无功补偿率装置。

应急照明均采用自带蓄电池的应急照明灯具；运用库等甲类场所选用防爆型照明设备和防爆型开关插座。

负荷等级按《供配电系统设计规范》（GB 50052—2009）和《地铁设计规范》（GB 50157—2013）的有关规定划分。

一级负荷：应急照明、通信系统设备、信号系统设备、防灾报警系统设备、电力监控系统设备、环境与设备监控系统设备、消防系统设备等。其中应急照明、防灾报警系统设备、通信系统设备、信号系统设备为一级负荷中的特别重要负荷；一级负荷自变电所两段低压母线各引一回专用的供电回路至设备附近的配电箱，消防负荷两回电源在最末一级配电箱处自动切换。

二级负荷：一般办公及设备管理用房照明、电梯、普通风机、污水处理设备、洗车机棚、排污泵、生活水泵、工艺检修设备及维修电源、空调及室外照明等。

二级负荷采用一路可靠电源供电，从变电所的低压母线引出单回电源线路供电。

三级负荷：空调、电热设备、景观照明等负荷。

2. 通风空调系统

有轨电车车站由于采用开放式站台设计，车站一般不设置通风空调系统。

车辆基地设置通风空调系统，主要为工艺设备提供合适的温度、湿度、空气含尘浓度条件，为车辆段内的工作人员提供较舒适的工作环境。对各房间使用空调时间不同和负荷变化较大的建筑且立面效果要有较好效果的建筑，采用变制冷剂流量多联式集中空调系统；分散不集中的空调房间采用分体式空调。

停车场的高大厂房区，尽量利用屋顶、侧墙开窗进行自然通风。在局部自然通风条件较差、人员多、作业量大的地点设机械通风。低压配电室及给水所设置外墙壁式排风机进行机械通风。

运用库顶部等甲类库房安装有屋顶防爆风机，可用于协助平时通风换气，也可在氢气探测装置被触发时启动事故通风。风机采用防爆电动机，防爆风机的过流部件（叶轮、蜗壳等）采用软硬配合的材质，以防止发生故障时部件之间摩擦或碰撞产生火花。

3. 给排水及消防系统

给水水源采用市政自来水，低楼层生活用水拟按下行上给利用市政给水管网压力直接供水方式考虑，高楼层应按变频给水设备供水考虑。

线路雨水通过排水沟直排市政雨水管道，正线箱式变电站、电梯基坑、消防泵房、电缆夹层、运用库集水坑等设有潜污泵，潜污泵带有控制箱，通过浮球或液位杆实现控制。停车场污水处理装置主要分为洗车废水处理装置与生活污水处理装置两大类。根据全段的总布置和污废水汇集特点，污水处理站尽量设置在车辆段下风向及停车场低洼处，以利于降低管道埋深及收集生产废水。

消防用水量按最大一座建筑的消防用水量确定，消防水池储存有火灾延续时间内的室内消火栓用水量，其有效容积应满足消防需求。停车场内各建筑的室内消火栓系统均采用临时高压给水系统，应设有消防泵房、消防水池和消火栓增压稳压设备，以保证停车场室内最不利点消火栓。停车场内各建筑的室内消火栓系统均采用临时高压给水系统，停车场内室外消火栓给水管网与生产、生活给水管网共用。室外消火栓沿道路设置，距路边不大于 2 m，距房屋外墙不小于 5 m。消火栓间距不大于 120 m。

消火栓设置在走道、防火构造楼梯附近等明显易于取用的地点。各栋建筑各层均根据规范要求配置灭火器。

4. 气体灭火系统

气体灭火系统由气体灭火控制主机、气体灭火就地控制盘、探测器（感烟、感温）、声光警报器、放气指示灯、紧急释放按钮、紧急停止按钮、手动/自动转换开关、手自动状态显示装置和 24 V DC 辅助电源箱（含蓄电池）等部分组成。

在设备房间内设置气体灭火系统。气体灭火报警系统通过输入输出模块接入火灾自动报警系统。

气体灭火系统每一防护区采用能完成整个报警灭火操作的独立的控制系统，其主要功能包括：平时监视防护区的状态，在火灾时能自动报警并按预先设定的控制方式启动灭火装置释放灭火剂，迅速扑灭防护区内的火灾，以保证设备的正常运营。（除特别说明设置其他探测器的保护区外，探测器一般采用一路感烟、一路感温。）

气体灭火系统是用来为系统自动运行的探测和控制设备而启动的，当需要时，也可以就地人工操作启动。

设置气体灭火的房间门外设置声光警报器和放气指示灯：用于气体释放时，警告人员禁止进入，同时，提示气体释放的声警报器的声信号应与其他位置设置的声警报器有明显区别。

同时设有手自动状态显示装置：在气体灭火防护区内设置，用于提示进入房间内的人员目前该保护区气体灭火就地控制盘的工作状态，防止人员进入房间前忘记将手自动转换开关切换至手动位置，起到提醒的作用。

5. 不间断电源

不间断电源系统是保证设备正常工作的必要条件，一旦某节点电源发生故障，必将造成该点设备的中断，从而影响行车。因此，当外部供电系统故障停电时，能够自启动电源蓄电池为设备提供不间断电源。

不间断电源（UPS）采用在线双变换式工作方式，正常情况下，供给负载的电源是外供交流电源经 UPS 整流、逆变后输出的 380 V/220 V 交流电源，只有当设备出现故障时，才自动或手动切换至旁路交流电源。并且应保证经整流、逆变后的交流电源与外供交流电源同相，电源切换由通信系统实现。如图 5-28 所示。

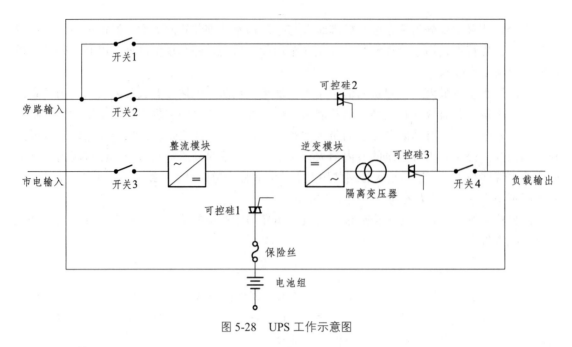

图 5-28　UPS 工作示意图

6. 门梯

有轨电车屏蔽门系统可以采用半封闭型屏蔽门，通过按照一道上不封顶的玻璃隔墙和滑动门或不锈钢篱笆门，沿车站站台边缘和站台两端头设置，把站台乘客候车区与列车进站停靠区域分隔开。这种类型的屏蔽门系统相对简单，高度通常为 1.2 ~ 1.5 m，空气可以通过屏蔽门上部流通，主要起隔离作用，保障站台候车乘客的安全，也称安全门。

对于个别设置有人行天桥的车站，可以考虑加装观光垂直电梯或扶手电梯，方便乘客出行。电梯应有故障避险功能，当电梯故障停止在非停靠位置时，自动进行故障诊断，以慢速运动至最近层站，开门疏散乘客。电梯专用摄像头安装在电梯轿厢顶部能监视到整个轿厢情况的位置，同时，能实现与控制中心的应急通话。

5.2.5　自动化系统

1. 火灾报警系统

火灾报警系统（FAS）可以对停车场内的消防风机设备、消防泵设备、非消防电源设备等进行系统的、全面的、有效的火灾情况的监控及管理；采集、处理火灾报警信息，进行历史数据查询；在火灾事故状态下，能更好地协调各系统的联动，充分发挥各种设备应有的作用，保证停车场的安全和财产的损失；控制器具备与当地消防控制中心联网的功能。

操作员通过平面图、系统图等人机界面可以直观地看到设备当前的工作状态，还可看到设备的运行效果。通过单击鼠标可以弹出设备属性框，看到具体的设备属性信息和完成基本操作。火灾报警控制器和 FAS 监控工作站应具备故障报警功能。实时、可靠的报警系统可以使用户快速区分和辨别故障，减少系统的故障时间。操作员在火灾报警控制器上通过报警查询、事件查询功能可以方便地完成历史数据查询、打印等工作。

FAS 的消防联动控制系统应实现消火栓系统、防烟排烟系统，以及消防电源及应急照明、疏散指示、消防广播、门禁、电梯等系统在火灾情况下的消防联动控制。对于专用消防设备如消防专用排烟风机、消防泵等，除可自动控制外，紧急情况下能够采用手动控制盘上的按钮直接手动控制。

2. 自动售检票系统

票务中心数据采集器在车辆段车辆进场处设置票务所需的房间，配备数据采集设备。数据采集设备作为检票机和票务中心的数据交换工具，负责数据的采集和存储，具备完善的数据备份和恢复功能，主要设置有路由器、防火墙、服务器、网络交换机、工作站计算机、打印机、UPS 等，可实现本系统的基本信息维护、交易数据处理、账务处理以及可对车载 POS 机的运行状况实施监控。功能特点包括：维护基本信息（消费设备、车站等），接收车站 POS 机的消费数据，交易数据处理、分类统计，交易数据传送票务公司，接收票务公司对账数据并处理、接收黑名单数据、统计数据和黑名单下发给车载 POS 机。后台清分系统主要实现有轨电车储值票卡的管理、消费数据采集、结算和报表查询系统的信息维护，分类统计以及负责储值卡的票务数据处理和财务清算功能。

检票机数据通过网络自动上送到票务中心系统。票务系统可配备便携式验票机、硬币清点机、纸币清点机、点钞机、保险柜等运营辅助设备，供运营部门在车上人工验票和在票务室对纸币、硬币进行清点保存。便携式验票机用于管理人员和车上售票人员对乘客使用车票进行校验和验票，能够读取公交一卡通储值票的数据。

3. 门禁系统

门禁系统运行模式一般分为在线、离线和火灾三种模式。门禁系统由就地级设备（就地控制器、读卡器、磁力锁、紧急开门按钮、出门按钮）、门禁卡以及传输网络组成（见图 5-29）。

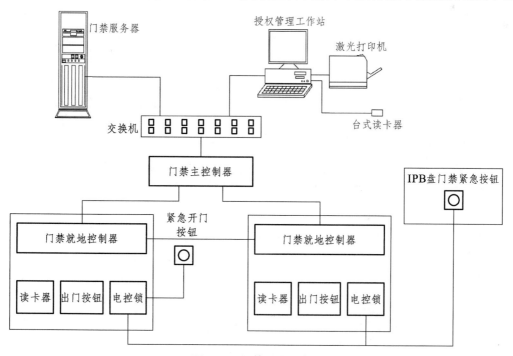

图 5-29　门禁系统示意图

系统应能实现对管辖范围内的就地级设备的监控，应能满足系统运作、网络管理、维修管理及系统数据的采集、统计、保存、查询等功能。系统应预留线网授权、管理接口。

系统进行区域内的门禁设备的数据对比、运算处理、采集保存，完成区域内门禁系统控制等功能，以及通过门禁前端设备执行门的正常开启和紧急情况下开启等功能。门禁系统主控制器通过现场双总线或环网管理前端设备。

氢能源有轨电车运营组织工作主要围绕生产组织、行车组织、乘务组织、加氢站运营组织、客运管理、服务管理、票务组织开展。

6.1 生产组织

6.1.1 施工组织

1. 施工组织流程和原则

（1）施工组织必须制定好完整的组织流程，包含计划申报、计划审批、请点、计划执行、销点及计划调整。其中计划申报由施工单位负责，计划审批由分管人员负责，请销点及计划调整由设备调度负责，计划执行由作业施工负责人负责。

（2）施工管理建议由专业工程师负责，统一管理以提高施工组织的效率，避免混乱。

（3）针对存在纠纷或需协调解决的施工问题，可召开专门的施工协调会议。

（4）任何施工单位、个人必须遵守运营单位制定的施工组织规章制度。

（5）施工组织原则：

① 重点施工双人确认原则。涉及影响行车安全、动火、登高、停电检修等重点施工时，当值行车调度与设备调度必须双人确认施工条件及可行性。

② 合理分配施工资源。施工管理专工对于所有施工计划进行合理安排，避免资源浪费及冲突。

③ 按时请销点是施工组织正常开展的前提，无故延时请销点可纳入施工指标考核。

④ 施工手续必须齐全，施工手续缺漏会导致当值调度无法清楚识别施工风险，存在安全隐患。

⑤ 施工安全防护必须按要求做到位，施工负责人负责落实，设备调度负责确认落实情况。

2. 施工质量的管理

运营单位需对施工质量做好跟踪管理，可要求施工单位每月进行维修质量自检并提交自检报告。

在委外施工单位进场前及维保合同实施期间分别开展安全、技术方面的培训及考试，合格后方可进场开展各项工作。

3. 氢能源有轨电车施工组织提升措施

氢能源有轨电车施工组织与地铁、其他能源形式有轨电车区别在于需要严格控制动火作业、列车回场段加氢频率高对施工影响较大等。

根据目前国内氢能源有轨电车运营经验，总结提升措施如下：

① 细化动火与带氢列车管理。

② 动火作业开展时，带氢列车必须与动火作业区域保持安全距离（具体可参考行业标准或氢能源安全相关标准）。

③ 为减少动火与涉氢列车库内停放的协调工作量，需明确停车场库内动火的施工窗口时间。如控制中心因工作需要临时组织列车进库，控制中心提前通知施工负责人停止动火并出清，确保安全后方可组织列车进库。

（1）划分施工窗口时间。

氢能源有轨电车在现有技术水平下，平均每千米氢耗量较大，在运营期间，列车回场段加氢频率较高，将对停车场线路内的施工作业造成一定影响。

此外，有轨电车停车场普遍规模较小，普遍没有试车线，无法满足列车高速调试。如列车检修完毕需开展高速调试，需在运营结束后在正线轨行区开展调试作业。

为减少施工作业之间互相影响的协调量，应结合运营时刻表时间安排、调车进出场时间、先检修后加氢流程和施工作业现场需要制定出施工窗口时间。主要是划分影响停车场全场行车或影响关键道岔区域行车的施工窗口时间、仅影响库内列车或影响非关键道岔区域行车的施工窗口时间以及影响正线行车的施工窗口时间。

（2）建立施工信用体系。

为加强对施工作业单位及施工负责人的管理，建立施工作业单位及施工负责人信用管理体系，当某个单位或施工负责人违反施工规定达到一定次数时，运营单位有权吊销其外单位施工许可证及施工负责人证。

（3）计划申报。

各施工单位按规定时间申报下一周期的所有施工计划，再由生产管理员统一协调分配各施工单位的施工资源。为此，需要各级生产管理员在施工资源协调分配上花费大量的人力和物力。为提高申报及生产管控效率，可引入施工系统滚动式申报，即"先报先得"模式，后续申报的与已申报的施工计划冲突，则由后申报的施工单位改选其他时间段。如遇特殊情况，则由后申报的施工单位主动与已申报的施工单位及相关单位共同沟通协商。

（4）施工请销点。

为提高施工请销点效率，可采用电话请销点方式。有轨电车由控制中心设备调度组织施工，施工负责人到控制中心大厅向设备调度办理施工请销点手续。考虑正线车站未设置车站人员和正线线路较长，来回车站和控制中心不便且花费时间较多，允许施工负责人及其配合人员在车站站台摄像头下方以电话形式向设备调度办理请销点手续，设备调度通过摄像头确认人员及施工密码无误后批准其请销点。

（5）生产施工信息化管理。

各施工作业单位申报施工计划时，可灵活安排施工负责人，申报的施工计划走完审核发布流程后，将施工密码发至计划申报人账号。在作业前，由施工作业单位根据施工作业重要程度安排具施工负责人证的人员担任该项作业施工负责人，并按时向设备调度办理请销点手续即可。

各施工单位申报的质量参差不齐，部分存在作业类别、作业名称、作业区域、配合单位、作业影响、列车需求、施工方案、作业防护区域等信息填写有误的情况，将导致施工计划申报、审核都花费较大的人力和精力。

组织各单位将设备设施日常检修、常见故障、各种演练和培训等常用的施工作业，制定一个标准的施工计划填写模板。后续正常情况下，根据施工单位按照模板，填写对应施工作业的日期、时间和作业区域来申报即可，其他信息无需调整变动。特殊情况或者未纳入模板的情况，可及时提出讨论明确，并实时纳入施工计划填写模板。

（6）提升施工时间利用率。

随着有轨电车运营逐渐平稳，施工内容以设备设施检修为主。为有效提升施工资源利用率，更合理分配施工资源，提升施工精细化管理深度，引入施工时间利用率概念，即：施工时间利用率=施工实际时长/施工申报时长*100%，其中施工实际时长=施工销点时间-施工请点时间，施工申报时长=施工申报结束时间-施工申报开始时间。

6.1.2 设备故障运维组织

（1）采用自主维修模式时，系统所有设备的日常维护保养、紧急情况的故障维修等完全（部分）由运营单位自主进行开展，并由运营单位开展内部工作监督、质量验收和责任界定等工作。

（2）采用委外维修模式时，系统所有设备的日常维护保养、紧急情况的故障维修等完全委托给外部维保公司进行，由维保公司提供人员、设备、技术、备品备件等资源，运营单位只需配备人员进行工作监督、质量验收和责任界定等工作。

6.1.3 信息通报管理

控制中心作为有轨电车信息的收发中心，负责对各类直接影响行车、客运安全、服务质量的设备故障、事故（事件）信息、车站应急信息、应急公交接驳信息、治安消防信息、天气预警信息等进行收集汇总及对外传递。

1. 信息通报的内容

信息通报时必须包含时间、地点、人员信息、事件概况、影响程度、处理进度等。信息描述需准确、简洁。

2. 信息通报的方式

信息通报原则上在运营时间内使用企业专用通讯平台通报为主，在运营结束后至次日运营开始前和重大节假日发生应急事件时，以电话通报为主，企业专用通讯平台通报为辅。

为确保信息安全，必须做好保密工作，防止信息外泄，未经同意严禁将内部信息转发。

3. 信息通报原则

（1）生产运营信息原则上统一由控制中心进行发布。
（2）坚持速报、续保的原则，避免出现信息截留、通报不及时等情况。

4. 运营日报编制

（1）运营日报信息以前一日运营情况为依据，记录运营指标、客服情况、设备故障及跟进情况及其他需要记录在运营日报上的信息。

（2）运营日报统计周期为本日运营开展至次日运营开始前。

6.2 运输策划

6.2.1 总体目标

1. 工作思路

依据线路客流预测研究，结合实际运营的客流指标和列车运行指标，运营单位及上级主管部门的相关要求，做好有轨运输组织工作，确保运作顺畅，人员安全。根据工作日及节假日客流情况，做好行车组织与客运组织的匹配、运力配置合理化等方面的工作，对有轨电车运输计划进行系统部署。

2. 工作目标

（1）结合节假日、大型活动等不同季节、不同活动的客流特征，合理安排运力投放。

（2）有轨电车客车开行、兑现率、正点率、运营里程等运输指标均达到运营单位下达的要求。

（3）按时完成运行图、执行说明和运作命令的编制，达到完成率100%，正确率100%。

（4）列车正点率达到97.5%，运行图兑现率达到99%以上。

（5）按时优质完成各种运营组织方案、计划、分析报告的编制。

6.2.2 运输组织重点及难点

（1）氢能源有轨电车加满氢后，不同季节耗氢情况差别较大。例如，夏季空调能耗大，续航能力不足，需制定不同季节运营时刻表。

（2）有轨电车一般为开放式线路，行人和车辆对运营影响较大，社会交通灯开放时间不可控，导致晚点较多。

（3）定期开展均衡修作业及列车故障扣修，可能导致供车不足，从而影响行车调整及运行图的兑现。

（4）根据国家相应法律规范要求，在重大节假日和春运高峰期间高速公路禁止危险品货物运输车辆通行。受此影响，氢能源有轨电车加氢站需根据耗氢情况，在节假日前储备充足的氢气，避免因供氢不足产生抽线、停运等情况。

6.2.3 运输计划

1. 运输计划安排原则

（1）有轨电车线路需根据客流情况合理安排运力，确保运营组织工作顺利开展。

（2）若上级主管部门对有轨电车运营时间及行车间隔提出新的要求和目标时，运输计划将进行相应调整，对运输工作有其他要求的，按其要求执行。

2. 运营交路

根据前期客流预测值及日均客运量，按照客流分部特点，结合线路辅助线配置情况，确定有轨电车运行交路。在满足运能需求的前提下，部分线路还可能开行不同编组的列车。

3. 行车安排

区别于传统有轨电车，氢能源有轨电车在氢气耗完后需回厂补充氢气，在制作运输计划时，需根据列车实际耗氢情况及其他行车安排增设加氢列车，并预留较为冗余的加氢作业时间。若加氢时间过短、氢气加注不充足，容易造成列车提前下线加氢传播事件。提前下线加氢传播不仅影响列车正常运营，甚至会造成氢能源有轨电车系统的运行秩序紊乱。行车间隔、平高锋及上线列车数等参数设置，与传统有轨电车一致。

4. 运营服务时间

首尾班车运营时间主要由客流预测情况决定，结合上级主管部门要求执行。

6.3 行车组织

6.3.1 行车组织概述

有轨电车行车组织工作以安全运送乘客、满足接待需求、保证设备运作质量为目的，与行车相关的各单位必须紧密配合、协调工作，以运营时刻表为基础，按要求组织各单位完成各项工作任务，确保有轨电车运营行车安全和乘客安全。

有轨电车的行车组织指挥工作，必须坚持安全生产的方针，贯彻"高度集中，统一指挥，逐级负责"的原则。行车工作由控制中心统一指挥，与行车有关的工作人员必须执行行车调度命令，服从行车调度统一指挥。

有轨电车日常生产运作管理由控制中心统一协调和指挥。行车调度负责一切行车组织、指挥工作，并调配服务人员以及收集生产信息；设备调度负责一切设备维护、抢修及公司内外联系工作。

氢能源有轨电车行车组织特点如下。

1. 列车续航里程

（1）氢能源有轨电车受列车氢瓶容量限制，在氢气低于一定浓度时需回场加氢。氢能源有轨电车续航里程受环境、季节和客流量等综合因素影响。

（2）根据目前国内氢能源有轨电车实际情况，以高明有轨电车为例，车辆加满氢气行驶里程为 79.6 ~ 125.93 km，平均氢耗量 0.155 ~ 0.245 kg/km（见表 6-1）。

（3）相较于以电能为主的有轨电车，氢能源有轨电车在运营中需要多次组织列车出入车场进行加氢操作。在编制运行图时，需要根据季节变化不同、列车续航能力不同随时做出调整，因此氢能源有轨电车运行图经常性会有变动。

表 6-1　列车不同季节、不同工况下的氢耗

工况	季节	线路往返能耗/kW·h	每千米耗电量/（kW·h/km）	加满氢气运行里程/km	平均氢耗量/（kg/km）
AW0	春秋辅助15 kW	35.43	2.75	125.93	0.155
AW0	夏冬辅助55 kW	50.05	3.88	89.25	0.219
AW2	春秋辅助15 kW	40.00	3.10	111.7	0.175
AW2	夏冬辅助55 kW	54.65	4.24	81.68	0.239
AW3	春秋辅助15 kW	41.38	3.21	107.88	0.181
AW3	夏冬辅助55 kW	55.99	4.35	79.6	0.245

（4）在发生列车故障而无法动车或者因其他事件导致运营中断时，除正常行车调整之外，行车调度需时刻注意列车剩余氢量，必要时需及时清客做好减载，防止发生因列车长时间停车导致氢量消耗过低，无法凭自身动力回场需要救援的情况。

2. 加氢作业

（1）加氢站介绍。

氢能源有轨电车至少配置一座加氢站，加氢站应安置不少于两台加氢设备，可供多条线路加氢，具备同时为两列电车加氢的能力。以高明氢能源有轨电车为例（见图 6-1），两列车同时加氢工况下，加氢效率降低，加氢时间相应增加，单列车常规加氢全程时间为 30 分钟。考虑到加氢设备安置位置及多台列车加氢工况对加氢效率的影响，加氢线进车优先顺序为：加氢 1 道/3 道→2 道，原则上加氢 2 道最后进车。

（2）加氢站加氢。

列车氢气压力指示由红黄绿三色表示，不同颜色对应压力值不同，分别为红色：<2 MPa；黄色：2~5 MPa；绿色：5~35 MPa。

当列车氢气压降低至 2 MPa 时，列车氢燃料电池系统会自动停机，无法再为列车提供牵引能源。

以高明氢能源有轨电车为例，列车氢气压力为 5 MPa 时储氢约 3.4 kg，列车氢气压力为 2 Mpa 时储氢约 1.39 kg。AW3-夏冬辅助（55 kW）工况下，列车氢气压力从 7.3 MPa 降至 2 Mpa 时，可正常运行 14 km。列车回场加氢氢气压力最低标准为 8 MPa（保证在此压力值下列车仍能运行一个完整行车周期）。当列车氢气压力达到 8 MPa 时，司机通报行车调度，由行车调度负责组织列车回场加氢。

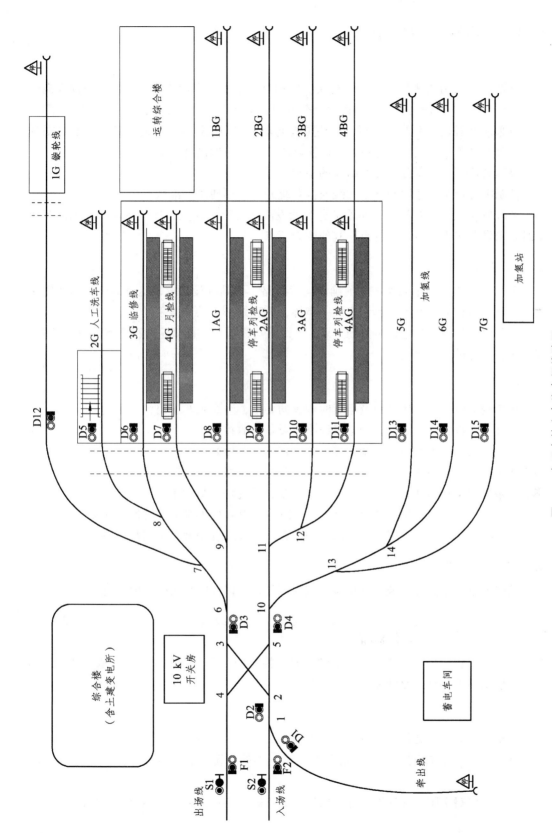

图 6-1 高明有轨电车停车场线路图

6.3.2 正常情况下行车组织

1. 行车组织基本要求

（1）有轨电车采用右侧行车制，但路权形式相对复杂（含专用路权、半专用路权及混合路权）。有轨电车以由南向北、由西向东为上行方向，由北向南、由东向西为下行方向。列车正常运行时采用常规交路双线单向运行。遇重大活动、大型接待等情况时，控制中心可根据客流需求，改变列车运行交路。遇有计划的交路改变时，应编制特殊时刻表。

（2）合理的行车时间划分是行车组织的基础。

（3）控制中心行车工作联系基于无线通信系统开展，须使用标准联控用语。

（4）列车发车正点率统计：列车晚点分为始发晚点和终到晚点，比照运营时刻表列车超过规定时间未发车或未到达即为晚点，其他则为正点。

2. 运营前准备

（1）运营开始前，行车调度需提前确认运营线路、各系统设备满足运营条件。车辆维保在完成列车日检后将列车交给行车调度统一指挥，办理好必要的交接手续。

（2）行车调度需提前制定列车出场计划，上线前司机应按作业规定对列车状态进行检查，确认列车状态良好后方可上线。

3. 出入场段组织

（1）行车调度应按照运作命令及运营时刻表的要求，组织列车进出停车场。

（2）压道车安排好专人添乘，加强对线路及设备的监控。

（3）列车出入场段进路由行车调度排列，进路排列时做好双人确认。

（4）列车运行应严格凭信号动车，发现异常及时停车报行车调度。

（5）进路无法正常排列时，采用人工办理进路，凭现场人员"手信号"动车。

（6）如发现列车牵引系统、制动系统、安全回路等影响行车安全的设备系统发生故障时，严禁出库、上线运营。如：牵引系统故障、制动系统故障、安全回路电路故障等。

4. 运营期间组织

运营期间列车根据信号系统自排功能，依据信号显示以及时刻表规定时刻行车。

6.3.3 特殊情况下的行车组织

当行车组织过程中出现特殊（突发）情况时，控制中心要及时采取应对措施，做好总体指挥，避免事态扩大，具体原则如下。

1. 反向运行

（1）列车反向运行前必须得到行车调度的命令。

（2）除组织开行救援列车、故障情况下行车调整的情况外，载客列车原则上不能反向运行。

（3）应确认线路空闲，提前准备好反向运行的进路，方可向司机下达反向运行命令。

2. 退行

（1）部分或整列列车离开站台，因故需退回原发车站时，必须得到行车调度命令后方可退行。

（2）列车采取不换端方式退行时，若列车上未安装退行辅助设备或后方情况不明时，司机需确保尾端司机室有引导员引导后方可退行。

3. 推进运行

（1）推进运行时列车运行头端必须要引导员引导，无人引导时禁止推进运行。

（2）经过岔区前需确认道岔位置正确及进路开放，禁止在该坡道上停车作业，并注意列车的运行安全（被迫停车除外）。

4. 越站

当由于车站设备故障或其他原因，行车调度判断需要组织越站时，组织列车提前一站开始，限速运行并做好乘客服务不停站通过，到下一站停站开门。

5. 单线双方向运行

如遇特殊情况需组织单线双方向运行时按以下原则进行：

（1）列车换端后，司机应注意开门方向。

（2）与正常行车方向相反时，列车司机应在平交路口（混行路口）前停车报行车调度，确认路口安全满足通行条件后方可继续运行。

（3）设备调度应及时组织人员前往各平交路口协助，做好防护并指挥列车安全通过路口。

6. 中断行车的组织

如遇特殊情况需中断行车时按以下原则进行：

（1）当正线出现上、下行之一某处因故不能通行，且后续列车无法变更进路运行时，应采用"小交路+单线双方向运行"的方式组织行车，该方法能保证一定的行车间隔以及乘客能够乘坐有轨电车从始发站到达终点站。

（2）当正线某处因故不能正常通行，但可以变更进路时，优先变更进路组织行车。

（3）当正线上、下行线同时中断行车时，应及时排除故障，启动应急公交接驳。

（4）当中断行车区域影响正线列车回场段加氢时，应适当抽线，组织部分列车就近停靠，部分列车维持运营，直至故障恢复或所有列车氢储量到达加氢告警压力值。

6.4 加氢站运营组织

6.4.1 加氢运作模式

1. 人员岗位设置

加氢站实行站长负责制，负责抓好各项运作管理工作。其他岗位应设置技术负责人、设备负责人、加氢员、安全员和检查员等，重要生产岗位如技术负责人、设备负责人和加氢员等需具备相关工作经验。加氢站人员岗位架构如图 6-2 所示。

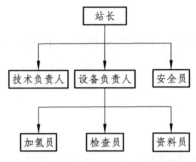

图 6-2　加氢站人员岗位架构

2. 人员教育培训

加氢站应当对各岗位人员进行必要的安全生产知识教育培训，使其熟悉有关的安全生产规章制度、安全操作规程、作业场所和工作岗位存在的危险因素、防范措施以及事故应急措施，掌握本岗位的安全操作技能；应对生产岗位人员进行专业技术教育和培训，加强其对氢气设备、管道和容器等的使用操作技能。

加氢站管理人员和生产岗位人员应按国家规定取得相关的作业资格方可上岗，严禁不具备压力容器充装证或操作证的人员进行相关操作。生产岗位人员转岗、脱岗六个月以上（含六个月）者，应重新进行培训教育，经考核合格后方可上岗。

加氢站定期对生产岗位人员进行设备工艺、操作流程、消防安全、应急处置等方面的知识及实际操作进行检查考核并保留相关记录，考核不合格的工作人员，不得上岗作业。

3. 设施设备管理

加氢站的压力容器、压力管道、安全附件、泄漏检测、消防报警及消防器材等设备，应具有有效的检测合格证明及相关质检资料，并按照相关安全管理规定进行安装和使用。

氢气设备、管道、容器，在首次投入运行前、检修动火作业前或长期停用后再次启用时，均应使用氮气进行吹扫置换，分析含氧量不超过 0.5% 后再进行作业。在检修前，应切断相应的电源、气源，并用盲板或其他有效措施隔断与尚在运行中的设备、管道和容器的连接，经氮气吹扫置换合格后再进行检修。检修完成后按照《加氢站技术规范》（GB 50516—2010）的有关规定进行压力试验、气密性试验、泄漏量试验。委托外单位进行氢气设备、管道、容器的检修或安装等施工作业的，应确认施工单位、人员等资质，符合资质条件的方可安排安全相关作业。

设备管理人员应根据加氢站设备维护保养规程来制定维护保养计划，并定期进行维护、保养和检查，及时发现、消除安全隐患，确保设备的状态良好。对报废的设备，应及时登记相关信息。若为氢气存储设备，报废前应对报废设备进行氮气置换，确保报废设备中氢气的体积分数小于或等于 0.4% 后再对设备进行相应处理。

4. 加氢站工艺流程

加氢站工艺流程主要分卸气、加压及加注三个步骤（见图 6-3）。

第一步，卸气流程。氢气长管拖车经引导，进入站区卸车位，固定车辆并连接卸车软管，通过卸气柱将氢气从管束内卸载，并输送至加氢橇，当长管拖车内氢气压力低于设定值时，脱离卸车软管，移走车辆限位卡，氢气长管拖车驶离本站点。

第二步，加压流程。来自卸气柱的氢气进入压缩系统，氢气经过压缩、汇集后通过换热冷却后排出。从压缩机出来的气体去往加氢机。为便于紧急情况下对加氢站停机，在压缩机前总管道上设置紧急切断阀，且压缩机需设置必要的连锁控制系统。

第三步，加注流程。从压缩机出来的气体经加氢机输送至氢燃料有轨电车。加氢系统主要包括高压氢氢气管道、加氢机系统和换热器系统。加氢机上须安装加氢枪、压力传感器、温度传感器、过压保护装置、软管拉断保护装置等。

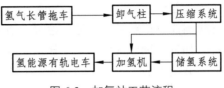

图 6-3　加氢站工艺流程

6.4.2　加氢作业管理

1. 加氢作业前的准备工作

（1）作业人员在操作前应进行设备、工艺、电气、仪表、安全等方面的理论知识与实践技能的系统培训，使其熟悉工艺流程、运行参数、操作方法和安全注意事项。

（2）检查设备、工艺管道、电气仪表是否正常。

（3）消防器材必须严格按照设计要求的数量和规格进行配备并放置到规定地点。

（4）观察设备四周是否存在安全隐患，如火花、明火等。

2. 作业人员及现场要求

（1）配备好护目镜、安全帽、工作服、安全鞋和便携式氢气探测仪等安全防护装备。

（2）整个加氢过程中的安全工作由现场负责人监督管理。

（3）加氢员及现场其他工作人员严禁带火种及电子设备入场，加氢员必须穿防静电工作服，触摸静电释放装置后进入加氢场所。

（4）加氢站现场不得进行动火作业，如遇特殊情况必须动火时，须经安全主管部门办理有关手续后，方可进行。

（5）不得携带易燃易爆物品进入现场。

（6）操作期间采访人员严禁使用闪光灯、新闻灯，与运营无关的人员谢绝入场。

（7）按照规范要求配足有效的防火、防爆灭火器材并按规定就位，操作人员熟练使用消防器材和消防设施，懂得安全知识。

（8）对所有密封点进行检查，确保投产区域不漏油、不漏水。

（9）操作人员须经专业培训后上岗。

（10）凡发现异常情况，应及时报告给站长。

（11）避免在密闭区域连续排放氮气，以免造成窒息危险。

（12）雷雨、大雨天气停止操作，小雨天气如需进行作业，应对连接接口处及用电设施做好防雨措施。

3．具体作业流程

（1）加氢员须佩戴合适的个人防护设备，触摸静电释放装置后，进入加氢区域。

（2）引导加氢车辆进入加氢特定区域，车辆熄火，司机拔下车钥匙，触摸静电释放装置后，离开加氢区域。

（3）利用静电释放装置对加氢车辆进行静电接地。

（4）对加氢车辆气瓶进行检查，瓶内余压要大于 10 bar（1 bar=100 kPa），气瓶要在检验有效期内，如不符合，有权拒绝加氢作业。

（5）加氢员用便携式氢气检测仪对车辆受气口进行检测，如果检测出泄漏，应拒绝加氢。

（6）选择合适的加氢枪接入加氢车辆受气口，手动拨至"ON"。

（7）操作加氢机键盘按钮，开始加氢。

（8）加氢完成后电脑控制器自动停止加氢，如不需要加到设定压力，也可按停止键手动停止加氢。

（9）加氢枪拨至"OFF"，取下加氢枪，盖好加氢枪防尘帽后，放回枪座。

（10）盖上车辆受气口防尘帽，解除加氢车辆的静电接地。

（11）记录加氢数据。

（12）司机将车辆驶离加氢区域。

实例佛山市高明轨道加氢站

佛山市高明轨道加氢站（见图 6-4），作为配套高明区现代有轨电车示范线项目的固定设施，占地面积约 3 700 m²，投资 2294 万元。加氢站设计规模为 2 套 144.4 kg 的储氢罐（5 m³，公称压力 45 MPa）、2 辆 355.5 kg 的长管拖车（24 m³，公称压力 20 MPa），氢气总储量为 999.8 kg，额定工作压力为 35 MPa，日加氢量达到 1000 kg/d，采用压差的方式加氢，由卸气、加压及加注部分组成，属于三级加氢站，可同时为氢燃料有轨电车、公交车和物流车商业化运营，以及后期 70 MPa 氢燃料乘用车提供加氢服务。

图 6-4　佛山市高明轨道加氢站实景图

6.5 调度运作

调度运作是氢能源有轨电车运营组织的重要组成部分,按照"科学组织、严密控制、调度有序、确保安全"的原则开展相关工作。负责正线、停车场日常行车组织、应急抢险、施工组织、信息发布、故障抢修,按照运营时刻表及《运作命令》要求组织行车,科学、合理地编制接发列车计划、调车作业计划,并监督执行,确保有轨电车正点投入和退出运营的落实,实现安全、准点和优质的运营服务。

6.5.1 调度运作模式

调度是运营系统中的关键岗位,负责线路日常运作和应急情况下的协调指挥工作。

1. 人员管理

调度岗为生产运作岗,工时采用综合工时制。考勤管理员在每个月月底需要将下个月的班表根据排班需求预先排列,并将本月工时统计进行公示,班表根据调度员的需求进行更改。总工时按照当地劳动部门规定进行控制,原则上在排班时合理安排,当有人员超过劳动部门的规定工时时,应予以补休。

2. 技术管理

根据现场生产需要,制定或优化作业标准,牵头完成落实新标准的执行情况检查,组织调度员进行台账的编制及优化工作,组织调度对规章及技术标准进行修改和优化。

3. 安全管理

安全管理员牵头开展日常检查、专项检查、测试等工作;编制安全点评材料,组织员工会议学习;按要求组织开展各类安全考试,对安全类试卷做好跟进及阅卷存档;定期组织排查调度员的安全关键点、安全隐患,更新岗位危险源,对运作风险点进行盘点,并对关键点进行分析,根据风险分析制定防范措施,组织各班组员工进行学习,并进行后续跟进。

4. 培训管理

培训负责人组织日常业务培训、新规章新规定学习,牵头各专业培训、考试资料的收集与编制,做好培训台账、记录的收集、存档和保管。

6.5.2 调度作业流程

调度作业流程根据业务需要,设置值班主任、值班主任助理、行车调度、电力调度、环控调度、设备调度、检修调度、车场调度等岗位,按照"各司其职、分工协助"进行工作分配。运营单位可根据企业管理特点和组织架构设置规划,选择性设置调度岗位,将部分岗位职责进行融合。

1. 生产组织及班组管理

生产组织及班组管理一般由值班主任负责,值班主任助理协助或其他调度岗位协助。

（1）人员管理。

确认当班人员精神良好，着装标准，确认提前出勤，无迟到、早退情况，保证当班状态良好；定期对调度员进行谈心，了解调度员的思想动态、在工作生活中遇到的困难，对调度员进行开导、鼓励，帮助其克服困难；遇到较大困难时及时与上级领导联系，从多方获得帮助解决问题。

（2）日报审核发布。

审核前一天有无运营指标、客流情况、故障信息更新、后续处理情况以及最近的运营信息，导出日报时需核对日报信息无错漏。

（3）会议组织。

① 组织班前会议，各岗位调度汇报行车组织情况及设备故障相关事项。对重点内容进行指示、点评。对当日重点工作进行特别强调，对相关的工作明确分工。对于最新的领导指示，运营信息，运作命令等进行交班学习。

② 组织生产例会，准备生产例会材料，将需要用到的材料打印整理好。汇报运营情况，讨论遇到的问题，协商解决办法。准备签到表，做好会议记录，发布当天交办信息。

（4）应急抢险。

针对突发的故障情况，进行故障分析及应急处置的最终决策，根据应急预案，结合实际情况作出合理的决策，并指导督促调度员严格执行。

（5）完成小结报告、专题。

故障处理完毕，需完成分析报告，对分析报告内容进行审核、修改，检查各调度员作业情况，对于故障处理中的不足进行点评，完成工作相关的小结、报告，整理分析报告内容。

2. 行车组织

行车组织工作一般由行车调度和车场调度共同完成，行车调度负责正线行车组织，车场调度负责车辆段、停车场内行车组织，岗位设置根据运营单位人员编制确定。

（1）交接班工作。

根据当天工作情况，整理好行车调度日志及交班注意事项，与接班调度说明当前列车使用情况、运营情况、行车计划及安排，交待领导安排的工作，汇报行车相关事宜。听从值班主任的指示，完成值班主任分配的工作。对于交接工作，进行细心、耐心的交接，并认真完整交办。

（2）行车组织工作。

负责正线、停车场日常行车组织、统一指挥工作，按照运营时刻表及运作命令要求组织行车。科学、合理地编制接发列车计划、调车作业计划，并监督执行，确保列车正点投入和退出运营的落实，实现安全、准点和优质的运营服务。

（3）施工配合。

组织和实施正线、辅助线及停车场范围内的列车调试、公铁两用车运输作业。合理、有序地安排和组织调试作业及调车作业，并指导、监督调车司机执行安全作业程序和规定，发现问题及时制止，并共同确保正线及停车场区域行车安全。

（4）运营前检查。

行车调度与设备调度确认正线及车场所有动车类施工已销点、线路出清，所有计划投入服务列车状态良好，安排好出场方式，信号系统试验正常。

（5）应急处置。

发生突发事件、事故或设备故障时，行车调度负责立即报告值班主任。按相应的应急预案及故障处理指南的指引，冷静、及时、果断地进行处理，组织有关人员降级运作，并协助现场指挥做好应急处理工作。

3. 设备维修管控

设备维修管控工作一般由电力调度、环控调度、设备调度及检修调度共同完成，从设备实际情况出发，结合运营单位人员编制确定岗位设置。

（1）交接班工作。

根据当天工作情况向接班调度汇报各设备运行情况，含供电系统、车辆、线路、通讯、信号、加氢系统、票务等设备状态及故障信息，向值班主任及行车调度汇报设备、车辆相关事宜。听从值班主任的指示，完成值班主任分配的工作。对于交接工作，进行细心、耐心的交接，并认真完整交办。

（2）施工组织。

审批每日各单位申报的临时补修计划及施工方案，组织协调所辖线路范围内所有专业设备系统日常维修工作，检查、督促各专业设备系统施工计划的实施，对维修施工进行监控，防止并杜绝所有违章行为。

（3）日报编辑。

当班调度根据所辖线路范围内所有专业设备、设施的故障信息的收集工作，填写运营日报/事件报告。追踪故障处理进度、故障现象、故障原因、故障是否修复、故障未能修复原因等，在日报及故障表中做好记录。

（4）监控检查。

按要求对全线监控设备进行巡视，发现线路上有违章施工或可疑事件时进行及时处理，按要求巡视 SCADA（数据采集与监视控制系统）、HMI（人机接口）、广播等设备运行状态。

（5）运营前检查。

检查施工销点情况，对全线监控设备进行巡视，通过 SCADA 系统查看供电系统的投运情况并做好记录。根据列车日检表确定车辆设备情况并做好记录，含车辆日检情况、车辆能耗信息、刷卡机等符合上线列车情况、车辆当前具体位置等。

（6）应急处置。

负责所辖线路范围内所有专业设备、设施的故障（事故）抢修指挥、组织、协调及监督工作，根据故障和事故的实际情况制定各种应急措施，防止故障范围扩大，正确迅速地对所有专业设备的故障处理进行统一调度指挥。

6.5.3 信息发布流程

控制中心（简称 OCC）是有轨电车信息的收发中心。在应急情况下，短时间内大量的信息交叉，信息的不完整、不及时、不准确都是影响信息发布的不利因素。为提高有轨电车运营各环节处理流程，确保信息的及时、准确、完整，调度须根据信息发布流程进行信息发布。

信息发布过程中，包括运营应急信息，是指在线路管辖范围内造成或者可能造成影响运营单位形象、乘客或员工人身伤害、财产损失等突发事件的信息。包括直接影响行车、客运安全、服务质量的设备故障、事故事件，车站应急信息、应急公交接驳信息、治安消防信息、天气预警信息等。

1. 信息通报

（1）通报的内容。

① 时间：发生的时间、结束的时间等；

② 地点：故障发生地点（车站、区间公里标等）；

③ 人员基本资料：各关系人员的姓名、职务、联系方式、外貌特征；

④ 事件概况：简要的事情经过；

⑤ 是否影响正线运营及预计恢复时间；

⑥ 处理方式及故障原因。

（2）信息通报的方式。

以电话报告为主，企业专用通讯平台等其他方式通报为辅。

（3）信息的传递流程。

信息传递必须遵循"统一管理、逐级负责"的原则，对外信息电话通报统一由运营单位指定 OCC 或相关人员进行通报，运营单位内信息报送由 OCC 或相关人员向分管领导汇报。

（4）生产信息汇报。

① 生产信息发布的原则。

为确保信息统一完整，生产运营信息统一由 OCC 发布，在相应的应急信息通报群组中报送。

② 设备故障情况下的信息报送要求。

设备相关专业需各指定一名工程师，负责在生产工作中遇到相关专业的问题进行跟进处理。在故障处理过程中负责组织抢修，并对现场信息进行报送。

当涉及维修专业的故障时，OCC 将现场故障情况报相应工程师，相应工程师在规定时间内将现场信息（现场状况、影响程度、已经或拟采取的措施等）报告 OCC。若故障无法短时间恢复，相应工程师在规定时间内将故障处理情况报 OCC。

③ 交班会信息管理。

生产交班会组织人对交班会上提到的交办事项进行统计，做好记录。交班会结束后汇总交办事项，所列交办事项应该制定完成时间，各责任专业按时回复完成情况。

对于前一天设备故障或者交班会上分析的设备故障事件未有明确原因和措施的情况，相关专业在规定时间内须提报：故障部件名称、故障具体原因（未查明原因的需注明原因未查明）、故障排查及分析工作情况、后续的保障措施、故障部件的检修情况（包括上次检修日期、类别、负责人姓名，下次计划检修日期、类别）以及近期故障情况等。

6.6 乘务组织

乘务组织是氢能源有轨电车运营组织的主要组成部分，负责运营线路的列车驾驶、调试等任务；负责为乘客提供安全、优质的乘车服务。

6.6.1 乘务运作模式

清晰的岗位设置和岗位职责、标准化的作业程序，是乘务安全、高效的根本保证。一方面，在落实乘务岗位业务技能培训的基础上，加强乘务岗位对车辆故障处理能力的培训和应急处置能力的提升；另一方面，优化和完善乘务岗位在停车场、正线运作、维修施工或调试等主要业务中的标准化作业程序，把标准化作业流程落实到每一项作业环节中。

1. 信息传达

司机队长负责统筹乘务模块信息的上传下达，各轮值（根据乘务生产工作需要任命）负责信息处理及相关工作任务落实执行，防止信息遗漏、传达不到位，确保信息顺畅。

正线信息由轮值收集后直接向司机队长反馈，再由司机队长上报乘务管理人员。

2. 人员安排

司机队长统筹安排预备人员，由各轮值根据实际工作合理安排预备人员顶替员工年休假、事假、病假等，同时，兼顾好当班期间临时工作任务。员工请假应严格按公司管理制度执行。

3. 安全管理

乘务安全管理人员和司机队长围绕现场开展安全工作。抓住安全关键点开展各项安全检查，内容包含台账、出退勤、音频视频（联控用语和作业标准等）等。检查内容可根据乘务实际生产运作情况制定。

4. 培训管理

培训主要由司机队长、轮值负责，主要负责编制培训计划、检查培训过程、验收培训效果。培训采用理论、现场实操、视频教学、仿真驾驶培训等多种培训方式。选拔培养业务精英，制作优秀的培训课件，开发标准培训教材，以用于开展后续培训。

5. 技术管理

根据现场生产运作特点，建立一支由轮值骨干组成的专业技术队伍，负责制定和完善作业流程，负责标准化作业流程的评估，开展乘务专业专题研究及相关科研技改项目并编写相关规章处理指南、应急处理流程等。

6. 会议制度

乘务会议包含例行候班会、月度例会及临时分析会，主要是对乘务生产工作情况进行汇总汇报、月度工作总结、突发安全事件分析总结，以提高司机团队业务水平。

6.6.2 乘务轮乘模式

合理的轮乘模式是乘务运作开展的必要条件，运营单位需根据运作需求安排合理的轮乘班次和执行标准。

1. 出勤

（1）当班司机需提前到控制中心按流程办理出勤手续。

（2）注意标准着装，确认行车备品齐全、功能正常。

（3）运营时间内中途出勤司机需开班前会，记录相关事件；会后在站台完成交接，记录相关行车台账。

2. 退勤

（1）运营结束后，司机驾驶列车回场停稳做好防护后，到控制中心按流程办理退勤手续。

（2）退勤完毕召开小结会，点评当天运作情况，不断提高乘务运作水平。

3. 轮班

次日首班司机须在停车场司机公寓候班。按正常轮班制度，做好人员休班安排，每班工作时长不得超过8小时，连续驾驶时长不得超过2小时。

6.6.3 乘务作业流程

乘务作业流程主要由5个主要作业及5个辅助作业组成。5个主要作业为整备作业、出入车场作业、站台作业、驾驶作业及折返作业。5个辅助作业为压道作业、备用车作业、调试作业、调车作业及加氢作业。

1. 整备作业

作业开始前消除静电，到达相应股道后确认车底与行车调度进行联控开始作业；检查走行部、客室设备状态，确认满足行车条件；激活列车后确认列车状态、随车安全备品等符合上线条件；整备完毕后与行车调度进行联控，凭调度命令执行后续操作。

2. 出入场作业

（1）安排好专人添乘压道车，加强对线路及设备的监控。

（2）列车运行严格凭信号动车，发现异常及时停车报行车调度。

（3）进路无法正常排列时，采用人工办理进路，凭现场人员"手信号"动车。

（4）如发现列车牵引系统、制动系统、安全回路等影响行车安全的设备系统发生故障时，严禁出库、上线运营。如牵引系统故障、制动系统故障、安全回路电路故障等。

3. 站台作业

列车进站做好降速、对标、制动施加、停车、开门、确认安全关门（防止夹人夹物）、动车前盲区安全确认、岔区和路口信号机开放确认、动车。

站台作业严格控制作业时间，避免操作不当导致的延误。

4. 驾驶作业

驾驶作业是乘务作业的重中之重，每一名司机均需具备娴熟的驾驶技能和足够的驾驶公里数才能上线驾驶。

驾驶过程中做到实时瞭望、关注安全项点，经过路口、岔区和会车时严格执行先确认后通过、控速的作业要求，确保驾驶安全。

5. 接车折返

根据线路特点，制定合理的折返作业流程，优化作业时间，以最高效的方式完成列车折返，降低折返作业对正线运营影响。

6. 压道作业

压道车人员应做到熟知担当作业区段的线路特点、设施及信号等有关设施情况及限速要求，做好作业前安全预想；压道车上线后驾驶中注意瞭望，应认真查看线路、道岔、轨槽、进路表示器、线路出清等情况，如遇危及行车安全的情况应立即停车，并报告行调。严格执行作业标准、呼唤应答制度，驾驶压道车按照规定速度运行，严禁超速。

7. 备用车作业

备用车须提前完成整备作业并安排备用车司机做好待命，接到行调命令后及时整备列车达到可直接上线的状态。

8. 调试作业

配合调试作业的司机提前学习调试方案，预想调试作业风险，作业过程中与行车调度、调试负责人做好联控，发生危险立即停止调试作业并报告行车调度，必要时做好相应的应急处置工作。

9. 调车作业

调车作业开展时，司机应清楚了解调车路径、调车意图，做到控速、一停二看三通过。

10. 加氢作业

列车氢量不足时，司机及时向行车调度报告，根据行车调度指令回场加氢。

列车到达加氢线停稳后，向行车调度报告，内容有：列车防护情况、所停股道、司机代码及手持台号码，以便行车调度后续与司机联系。

加氢完毕后，司机及时向行车调度汇报列车氢量及列车状态，根据行车调度指令开展后续操作。

6.6.4　信息通报管理

正线发生应急事件第一时间由行车调度通知轮值/司机队长，轮值/司机队长根据事件情况及时添乘，把控好关键作业、关键地点的风险，确保现场安全，同时，通知安全管理人员及时赶往现场支援。

应急反应机制由乘务专业协同安全生产管理部门共同制定，根据应急事故（事件）发生的位置不同规定相应的响应时间。

6.6.5　防御性驾驶

1. 与地铁等传统轨道交通的区别

有轨电车的驾驶与地铁等传统轨道交通有着较大区别。有轨电车司机目视地面信号驾驶，路面环境复杂，经过共有路权的路口时，社会车辆及行人将制约有轨电车运行，所以有轨电车的驾驶侧重于防御性驾驶。

2. 防御性驾驶

防御性驾驶，指在驾驶过程中，驾驶员能够全面观察驾驶环境，预估周围潜在的风险，提前做好预防措施，在发生时能够预留充足的时间和准备，消除风险因素，或采取减速、避让、停车等措施，避免事件事故的发生，默认其他交通参与者都可能存在违章违法且不主动避让的情况下，设备设施状态可能不良时，从而要求自身做好避让和应对准备的一种驾驶思维和驾驶习惯。与之对应的是攻击性驾驶。攻击性驾驶则是指驾驶员在驾驶过程中采取激进的驾驶方式，默认其占有驾驶主动权和道路通行优先权等，抢道抢灯行驶的一种驾驶思维和驾驶习惯。

3. 防御性驾驶核心理念

防御性驾驶以预防为原则，是防御性驾驶的核心理念，预防可预见的各类风险类型，预验可能发生的各种情况，如行人横穿车行道，盲区出现人、车进入危险区域，前方车辆故障急停，非机动车驾驶员、行人突然摔倒等，从而对自身驾驶行为做出一定的约束。

4. 防御性思维

防御性思维即人类在参与各项活动时，以低概率思维为基础，当一些低概率事件有可能危及自身或他人安全或对自身或他人造成负面影响时，活动参与者主动思考采取何种防御性方式或办法以预防这些有害低概率事件出现的一种思维方式。如图6-5所示。

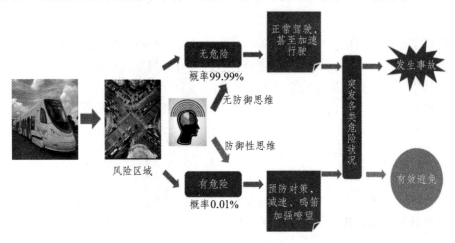

图6-5 防御性思维

6.7 客运管理

客运管理可分为日常客运管理及大客流情况下的客运组织管理。日常客运组织管理是指在日常管理下，车站通过合理布置售票设备，合理引导客流走向，让乘客自助完成支付→乘车→出站等环节的客流组织工作。大客流组织是指在运能不足、设备出现故障等情况下，乘客数量在某一时段集中到达、超过车站正常客流设施或客流组织措施所能承担的客流量时的客流组织工作。

为实现客运组织安全、有序进行，提高客运管理水平，需加强日常客运组织及大客流情况下的客运组织管控、客运组织分析、乘客导向标识管理及交通衔接管理工作。

6.7.1 客运组织原则

城市轨道交通客运组织工作采用集中领导、统一指挥原则。车站客流组织是客运组织管理的重要内容，车站客流组织工作的要求是安全准时、方便迅速、热情周到。

（1）客运组织的基本原则为"安全、及时、有效"。

（2）现场遵循"能疏导，不控制"的原则，车站根据本站的客流特点及设备和设施的设置情况，制定相应的客流组织方案，充分利用车站设备和设施，尽量使进、出站客流不交叉，确保客流顺畅。

（3）运能及时调整原则，控制中心根据车站、线路客流情况，及时调整线路运能。

（4）及时通报原则，采取客流控制措施需及时通报控制中心及相关管理人员。

（5）信息通报原则上实行"逐级汇报"。

6.7.2 日常客流组织

1. 客流组织原则

有轨电车客流组织工作坚持集中领导、统一指挥的原则。控制中心负责全线的客流组织工作，各站的客流组织由巡查队员负责。

在大客流的情况下，控制中心应合理安排人员，对乘客做好疏导、宣传工作，联合公安、保安、保洁等人员协助进行客流控制。遵循先控制站台区域乘客数量，再维持站台区域候车秩序，在车站站台、进站通道处进行重点控制。

2. 客流组织工作程序

从有轨电车服务全过程进行分析，乘客乘坐有轨电车由 6 步骤组成，因此，客运组织主要围绕这几个环节进行，国内有轨电车因支付环节的不同，主要分为以下 3 种形式。

（1）先候车后支付。进站—候车—支付—乘车—下车—出站，即站台未设置售检票设备，如佛山高明有轨电车等。

① 进站。

确保车站各导向标志指引清晰、正确，能正确地指引乘客找对方向，禁止携带宠物、三品、超长、超重、管制物品的乘客进站乘车。

② 候车。

确保乘客在安全区域等候，重点留意老人、小孩并指引他们到座位上等候，及时制止乘客追逐打闹、奔跑等行为。

③ 支付。

引导乘客主动购票、扫码、刷卡或投币，对重点乘客给予关注。

④ 乘车。

巡查员定时巡视车厢，并留意车门是否夹人、夹物，引导乘客先下后上，制止乘客抢上抢下。

⑤下车。

注意下车乘客的动态，提醒乘客不要在车门处逗留。

⑥出站。

确认出站导向牌、周边环境等标识信息正确、完整。

（2）先支付后候车。进站—支付—候车—乘车—下车—出站，即站台设置售检票设备，如上海松江有轨电车等，具体环节按第（1）环节调整顺序即可。

（3）同时支持先支付后候车和先候车后支付，站台设置售票设备，车内设置检票设备，支持交通卡刷卡、电子支付扫码乘车等方式，如武汉光谷有轨电车、广州有轨电车等。

3. 早晚高峰客流组织

（1）客流高峰时间分布。

有轨电车的客流高峰主要按通勤或观光特征区分。

① 当通勤特征明显时，有轨电车客流高峰在全天时间分布上通常呈"双峰状"。早、晚高峰特别明显，时段分别为 07:00—09:00 和 17:00—19:00。

② 当观光特征明显时，有轨电车客流高峰在全天时间分布上通常集中时段为 10:00—12:00 和 14:00—17:00。

（2）日常组织措施。

根据客流高峰时间及区段分布，在日常客流量相对较大的车站预先存放客运物资，高峰客流期间，增加人员驻站引导，维持站台候车秩序，减少客流冲突，必要时利用铁马、伸缩栏杆等疏导客流。

6.7.3　大客流组织

大客流爆满事件是指城市轨道交通运营中由于某些因素致使地铁车站在某一单位时间候车、停留的乘客超过了该站设计许可的客流容量，并有继续增加的趋势；对此如不采取紧急措施将极有可能发生人员伤亡事故或意外事件。

1. 大客流的分类

结合有轨电车运能及周边情况，大客流根据其产生的原因可具体分为以下三类。

（1）节假日大客流。

主要指在国家法定的元旦节、春节、劳动节、中秋节、国庆节等假期期间，市民出行及游客旅游等造成各站客流上升。

（2）大型活动大客流。

主要指由于有轨电车沿线附近举行演唱会、花市、跨年等大型活动，大量的乘客在较短时间内涌入车站乘车，造成车站客流迅速上升。

（3）季节性大客流。

主要指在每年寒暑假、春运期间学生放假、人员返乡造成车站客流上升。

2. 大客流的特点

（1）节假日大客流的特点。节假日期间，市民出行、购物会造成位于商业区附近的车站产生较大客流，同时其他车站的客流也会比平常有所上升，这将会造成列车比较拥挤。

（2）大型活动大客流的特点。有轨电车沿线附近（如体育场馆、文化活动场馆、公园、综合商场、大型广场等）举行的大型活动结束后，在短时间内会有大批的乘客涌入附近的车站，给车站造成很大压力。此类活动多在非工作时段举行，所产生的大客流的时间、规模等特点可以预见，通常对该活动地点附近的车站影响较大。

（3）季节性大客流的特点。因各地学生放假差异、人员返乡，在有轨电车沿线大型广场、游乐场、客运站点等场所附近的车站容易造成大客流。

3. 大客流组织原则

（1）能疏导、不控制原则。

根据客流特点及设备设施的设置情况，使进、出站客流不交叉，确保客流顺畅。

（2）区域负责制原则。

实施客流控制时，将车站站台候车乘客和未进入站台的乘客分区域引导，并指定专人负责。

（3）点控与线控相结合原则。

客运服务工作人员负责车站客流控制，及时将站点控制情况和需求汇报至控制中心，维持好现场的客流秩序。

控制中心负责全线的客流监控，根据时刻表组织各次列车，并根据实际运能、列车满载率等指导工作人员做好站点控制。通过科学合理的行车组织调整，缓解客流量不均衡造成的个别站客流积压，从而达到点线联控。

（4）及时通报原则。

信息通报原则上实行"逐级汇报"，须将客流控制措施及时通报控制中心，控制中心视情况请求公安的协助。

4. 大客流控制措施

根据车站类型制定"一类型，一预案"，覆盖全线网所有车站。车站发生大客流时，根据有轨电车车站特点可分为一级客流控制、二级客流控制和线路控制等客流控制方式。

（1）一级客流控制。

当站台有大量乘客滞留，单边站台候车乘客超过单边站台候车区域面积的 1/2 时，由现场工作人员决定实施一级客流控制，报控制中心。在站台使用铁马、伸缩栏杆等疏导站台秩序、减少客流冲突。

以高明有轨电车沧江路站为例，该站为分离岛式车站，只有单边站台，列车在此进行折返换乘，面临上下车的乘客都集聚在此站台，承载着原本双边站台的压力，同时受进站通道窄、站台面积小（有效进站及候车区域宽度 1.2 m）限制。沧江路站一级客流控制示意图如图 6-6 所示。

（2）二级客流控制。

当站台有大量乘客滞留，单边站台候车乘客超过单边站台候车区域面积的 2/3 时，由现场工作人员决定实施二级客流控制，并报控制中心。在进站通道与站台连接处设置控制点，使用铁马、伸缩栏杆等分批放行、减缓乘客进入站台的数量。

同样以高明有轨电车沧江路站为例，沧江路站二级客流控制有别于其他普通车站，受客流大、上下客集中因素影响，因地制宜采取异地候乘方式。二级客流控制示意图如图 6-7 所示。

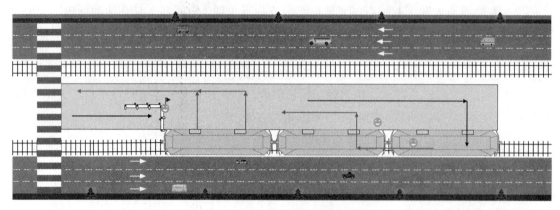

图 6-6 沧江路站一级客流控制示意图

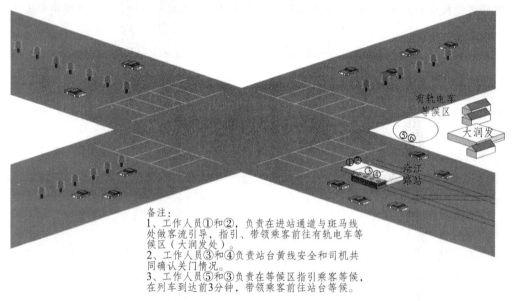

备注：
1、工作人员①和②，负责在进站通道与斑马线处做客流引导，指引、带领乘客前往有轨电车等候区（大润发处）。
2、工作人员③和④负责站台黄线安全和司机共同确认关门情况。
3、工作人员⑤和③负责在候区指引乘客等候，在列车到达前3分钟，带领乘客前往站台等候。

图 6-7 沧江路站二级客流控制示意图

（3）线路控制。

当站控客流无法缓解且有增大趋势时，现场工作人员报控制中心启动线控。将主控站临近的前几个站点或始发站作为辅控站，实施联控，预留一定的车载空间，保证主控站的乘客运送，同时，保证辅控站的一定数量乘客运送。以高明有轨电车为例，当沧江路站发生大客流时，为保证后续跃华路站、怡乐路站乘客的输送，沧江路站列车发出时需预留一定的乘车空间。

6.7.4 导向标识

1. 指引标识

（1）设置标准。

有轨电车指引标识设置在车站出入口周围，宜在 200 m 半径范围内。全线设置适量导向柱，为市民的出行选择提供方向便利。

（2）作用。

指引标识具有指引乘客前往有轨电车车站方向的作用。

（3）版式标准。

指引标识的版面能够表达有轨电车的形象、车站名称和距离，以中英文的形式展现。

2．乘车标识

（1）设置标准。

标识设置于有轨电车站台两端，标识宜采用单杆悬挂于有轨电车车站雨棚下。

（2）作用。

乘车标识用于向乘客提供乘车方向的指引。

（3）版面标准。

乘车标识版面宜设置为双面信息，表达乘车方向的中、英文信息。

3．乘客信息牌

（1）设置标准。

有轨电车乘客信息牌宜设置于有轨电车站台入口处附近。

（2）作用。

乘客信息牌用于向乘客提供线路图、公交线路信息、乘车流程、乘客守则、票务规则、服务承诺等信息。

（3）版面标准。

乘客信息牌版面可设置单面信息，显示线路图、公交线路信息、乘车流程、乘客守则、票务规则、服务承诺等信息。

4．站台停车标

（1）设置标准。

有轨电车站台停车标设置于站台头端。

（2）作用。

站台停车标用于向司机提供对标停车参考点，并提示乘客不要跨越轨道。

（3）版面标准。

站台停车标显示有轨电车标志及运行方向信息。

6.8 服务管理

轨道交通的功能是为乘客提供位移，并同时为乘客提供优质服务，从而获得良好的社会收益。因此，城市轨道交通运营管理重在依据质量管理，对运营服务过程形成系统有效的管理。按照 ISO（国际标准化组织）对服务的定义可以理解为服务是在提供产品的组织与接收产品的个人，在接触面上需要完成的至少一项活动的结果，并且通常都是无形的。轨道交通于乘客的接触面主要集中在车站或列车，所以也可以理解为服务就是以人的主观能动性来弥补设备的缺陷与环境的不足，要对乘客服务的全过程进行监督管理，对各环节的监督结果进行记录、分析，对不足指出进行改进，找出原因，制定改进措施。通过不断地改进，使得服务过程更显人性化，能被乘客、员工所共同接受。

6.8.1　服务标准

随着有轨电车的不断发展，有轨电车与地铁逐渐实现接驳换乘。部分有轨电车接待、观光客流显著，为确保工作人员向乘客、来访嘉宾提供的服务统一化和标准化，必须对员工的衣着、言行作出规定，从意识标准、行为规范、形体标准、接待解说等方面对有轨电车员工的言行标准进行规范，以此树立、提升有轨电车服务品牌形象。

1．服务基本要求

（1）服务组织应以安全、准时、便捷、舒适、文明为目标，为乘客提供持续改进的服务。

（2）服务组织应为乘客提供符合服务规范的服务设施、候车环境和乘车环境。

（3）服务组织应为乘客提供规范、有效、及时的信息。在非正常运营状态下，应为乘客提供必要的指导信息。

（4）服务组织应为残障等特殊乘客提供相应的服务。

（5）为乘客提供的公益或商业服务应以方便乘客、提高服务质量为原则，保证客运服务质量不受影响。

2．服务标准规范范围

（1）服务意识。企业全体员工在与一切企业利益相关的人或企业的交往中所体现的，为其提供热情、周到、主动的服务的欲望和意识。即自主动、热情做好服务工作的一种观念和愿望，它发自服务人员的内心。

（2）服务行为规范。员工除了遵守《城市轨道交通运营管理办法》等法律法规的有关规定外，还应遵守公司对特定工作岗位规定的工作流程及工作规范。

（3）服务形体标准。在服务乘客的每个环节，需注意的动作及语言规范。

（4）服务着装标准。对服务工作人员穿着工作制服的要求及规范，及在此过程中的注意事项等。

（5）接待解说标准。对于接待、观光客流显著的有轨电车，需制定普通版及专业版的解说词，规范接待流程，由接待专员进行讲解。

6.8.2　服务质量监督管理

质量管理是企业的生命，城市轨道交通为乘客提供位移服务，服务质量监督是运营管理的重要环节。坚持内部评估与外部监督相结合，多角度对有轨电车服务质量进行监督，形成服务质量监督体系，从而实现服务质量的有效管理。

服务质量监督体系主要是指乘客通过服务热线、微博、意见卡、服务质量调研及第三方乘客满意度调研等方式对有轨电车的服务质量进行监督，并提出优化意见及建议。

6.8.3　服务质量评价管理

服务质量评价体系是服务质量监督体系的延续，是服务指标量化管理的过程。量化服务管理指标与绩效考核挂钩，提高服务工作的积极性、主动性。根据现场服务事件性质的严重性及影响范围制定相应的考评分值，套用条款进行考评并对事件进行评价形成材料组织学习，检验服务质量，形成质量管理闭环。

服务质量评价主要包括内部评价和外部评价两方面。

（1）内部评价。主要由业务管理人员成立评估小组，定期对现场服务工作进行专项评估，检验服务规章的实施成效，了解管理需求。

（2）外部评价。主要是由第三方调研公司进行服务满意度测评，是将无形的服务进行量化的过程，是衡量有轨电车运营方提供的服务是否满足乘客需求的重要途径。

6.8.4　乘客事务管理

乘客对城市轨道交通运营服务的投诉、建议、咨询、表扬等，统称为乘客事务。处理乘客事务遵循首问责任制、以礼相待、有利有效、及时、信守承诺、投诉事务调查的原则。事务调查遵循"四不放过"的原则：投诉原因分析不清不放过，责任人和其他员工没有受到教育不放过，没有制订防范整改措施不放过，责任者没有受到严肃处理不放过。

根据事件性质将乘客投诉分为有责投诉和无责投诉。在城市轨道交通运营服务中，由于人员服务、客运组织、乘客服务信息发布、票务事务等方面的不足或其他原因引起乘客投诉，造成一定程度负面影响或乘客利益损害，相关部门或人员负有责任的，称为有责投诉。有责投诉按事件的性质及产生影响的程度，分为一类、二类、三类有责投诉。

服务管理部门对于调查后的有责投诉进行定责，并分析事件存在问题，提出整改措施及处理建议。同时，各相关部门均需定期进行分析、总结乘客投诉事务，跟踪事务整改落实情况，并对服务规章、服务流程、服务工作标准等进行优化，以规范、有效的投诉管理促进服务水平的提升。

6.8.5　营销策划管理

营销策划，作为运营单位的主要品牌输出方式，包括沿线信息收集、共建活动、专项营销活动、开设主题列车等工作内容。

1. 沿线信息收集

通过沿线主要媒体收集重大活动及节假日信息，收集包括参与对象、时间点和地点等，为运营组织提供数据支持。

2. 共建活动

（1）以社会实践为依托，与沿线社区、学校等单位对接共建意向，为后续营销活动打好基础。

（2）以交通环境为依托，与沿线交通单位对接共建意向，建立健全交通事故快速处理机制，加强警企合作联动机制。

（3）以党工团共建为依托，与政府、企事业单位充分对接，从业务、日常交流各方面开展全面共建。

3. 专项营销活动

深入周边社区和学校，与外部联合开展营销活动，通过主题宣讲、参观交流、试乘体验、主题活动等形式，培养市民乘坐有轨电车的习惯，提升市民对有轨电车的品牌认知。

4. 开设主题列车

针对党建、重大节假日、文化等主题，开设公益性质的主题列车；与外部资源对接进行招商引资，开设有收益性质的主题列车。

6.9 票务组织

6.9.1 票务运作

1. 票务工作职责

客运服务人员负责运营过程中的乘客服务、票务工作、初期应急处置等相关工作。

收益清点人员负责票款收益清点提报工作，对票务报表进行核对、数据统计、提报，同时负责本班服务人员的管理。

2. 工作流程

（1）现金清点与盘点。

①有轨电车车载投币机钱箱的现金清点，由客运服务人员回收投币机钱箱，与收益清点人员共同在票务管理用房监控仪下双人清点确认，存放现金的保险柜及票柜应保持锁闭状态。

②每月定期盘点，由收益清点人员与管理人员共同在监控仪下盘点工器具、钥匙等票务物资。

（2）现金解行。

①现金解行在监控仪下清点解行票款。票款按不同面额、新旧版分别整理，每 100 张为 1 把，整把钞票用砂纸捆扎后由清点人员加封签名确认；未够 100 张的按面值类别整理后由清点人员用票务信封加封并签名确认，信封封面上注明公司名称、加封人员、金额、日期。确认正确后通知管理人员共同确认金额。

②填写相关单据交银行，按规定注明公司名称及交款人姓名，放入尾箱。

③银行在清点完收到的票款后，将其中一联单据返还。若清点票款发现账实不符，银行根据实点金额入账，如发现银行确认金额和解行金额不一致，则开展相关调查。

（3）尾箱的加封、交接和开启。

①收益清点人员和管理人员确认尾箱的现金和票据，分别加封尾箱的两把锁（即双封双锁）。锁头要求十字加封。此工作应在银行收款人员上门收款前完成。

②银行收款人员达到后，收益清点人员应及时在录像监控下核对收款人员证件及相片，无误后与收款人员进行尾箱交接；确认尾箱和锁头状态良好及封签完整无损后，在收款人员的台账上签章办理接收手续，同时要求收款人员也应在尾箱交接台账上签名确认移交手续。

③银行交付的尾箱必须由收益清点人员和管理人员在监控仪下开启。核对尾箱内票据是否与实际相符，如有误应于当天或次日通知银行。

6.9.2 票务稽查

（1）客运服务人员每班持续开展乘客用票情况稽查。列车停站时，客运服务人员站立于车载验票机旁，实时监督乘客上车投币、刷卡。

（2）在列车运行中，客运服务人员引导乘客支付车费，并使用便携式验票机进行辅助验票。当为优惠票种时，需核查具体信息，对于违规使用车票情况进行登记，并引导乘客按要求支付车费。

6.9.3 票务审核

1. 票务审核分日常审核和专项调查

日常审核对现金、车票、备品、票务钥匙、票务报表、票务台账、票务操作流程等进行审核。专项调查针对特定的问题或异常事件开展审核、调查。

2. 审核内容

票务管理人员每月进行票务内审，审核内容应覆盖收箱、数箱、打包解行、配票、结账等流程，通过现场审核、录像监控、后台查询方式进行。

6.10 小结

本章阐明了氢能源有轨电车运营组织的原则，对生产组织、班组运作及客运服务等内容进行了介绍，简单分析了不同组织模式的优缺点。"氢能源+轨道交通"属于新兴行业，运营组织方式既有传统轨道交通的特点，又有氢能源行业生产组织的特别注意事项。因此，氢能源有轨电车在传统轨道交通运营组织管理的基础上还需要特别注重涉氢管理。氢能源有轨电车运营管理较传统轨道交通运营管理难度更大，需要在实践中不断总结完善出一套安全、高效的运营组织模式，保障氢能源有轨电车舒适、安全、畅通运行。

维修管理

7.1 有轨电车设备系统维修管理目的和原则

7.1.1 维修管理目的

设备管理的基本任务是贯彻执行国家有关方针、政策、法律法规及行业标准，通过技术、经济和组织措施，对设备进行综合管理，做到全面规划、合理布置、择优选购、正确使用、精心维护、安全运转、科学检测、适时改造和更新，使设备保持良好的技术状态，并不断改善和提高技术装备素质，充分发挥设备效能，取得良好的投资效益。

有轨电车运营单位设备维修管理的任务及目的就是通过恰当的检查检测、维护保养、修复更换等维修手段，用合理的维修成本，保证设备以良好的运行状态持续运行，为乘客提供优质服务。同时，当线网发展到一定程度，有轨电车运营单位还需考虑规模化、专业化的维修，在单线的基础上，通过整合各线路资源、利用信息化及精细化管理手段，全面提升设备维修水平、中大修及零部件精细维修能力，形成程序化、专业化的应急抢险救援能力，以适应线网大发展的需要。

7.1.2 维修管理原则

（1）安全与效益兼顾原则。维修管理需要在确保设备安全可靠的同时充分考虑投入产出之比。

（2）专业化与区域化结合的管理原则。根据线网发展规模，在需要时将专业化与区域化两者结合管理。

（3）共享资源与专业做强的原则。有效整合各类资源，通过共享资源提高维修水平，降低成本投入，同时做强核心专业。

7.2 有轨电车设备维修的关键因素

设备维修的关键因素包括组织架构、人员技能、维修管理模式、安全管理、物资管理五个方面。设备维修是一个系统工程，设备维修要达到良好的效果，必须搭建一个合理、高效的组织架构，维修人员应具备必需的知识以及技能水平，维修管理必须涵盖设备运行的各个阶段，维修过程必须要有完善的质量安全控制体系，以及对维修成本的有效控制。

7.2.1　维修模式

组织架构的划分，是根据一线生产模式的需要，按照层级管理原则，落实工作责任制，实现人员管理和设备管理的全覆盖。

有轨电车设备系统的维修组织可由部门、分部、工班三级架构组成，形成层级指挥、逐级负责的组织架构。通过明确分工和职责、互相协调合作，促进维修部门生产及设备、人员的安全管理，确保设备维修顺利进行。

7.2.2　人员技能

建立一支技能达标的维修队伍是有轨电车设备系统各项维护维修工作开展的基础要素。维修队伍的搭建涉及两个方面：

一方面，要建立怎样一支维修队伍，也就是要定义员工的核心能力素质模型。

另一方面，怎样培养这样一支维修队伍，也就是如何进行核心能力培养规划，这需要通过搭建完善的培训体系，来推进企业的人才战略目标的达成。

7.2.3　维修管理模式

对有轨电车设备系统维修部门来说，保证列车的安全运行是日常工作的重中之重，而列车的安全关键在于有轨电车设备系统所有设备的运行安全。必须对各个设备系统进行维护维修，保证其安全稳定运行。设备维护维修是一个系统工程，良好的维护维修模式才能起到更好的维护维修效果。

维修管理需要在确保设备安全可靠的同时，充分考虑投入与产出之比，这既是维修管理的目的，也是维修评价的标准；有效地整合各类资源，特别是专业化的资源，发挥协同效应，形成强有力的资源整合集成能力，通过共享资源提高维修水平、维修效率，并降低成本投入；同时，做强核心专业，形成专业化程度很高的核心团队。在大线网规模下，维修管理可从单一的专业化管理或区域化管理，在需要时转变为两者结合的综合管理模式，充分发挥专业优势及区域优势。

1. 选择设备设施维修模式的原则

（1）技术含量低、重要性程度低、市场成熟度高的劳动密集型专业设备采用委外维修。如通风空调、给排水、低压配电、轨槽及轨道排水系统疏通等。

（2）技术含量高、有特殊要求（需具备资质的）的设备委外维修。如电梯和自动扶梯、起重机、消防系统、轨道的测量观测、轨道打磨等需要具备特定资质或技术的企业实施，国家法律和行业规定对其维护提出了明确的要求，由制造单位或其委托、授权的单位进行安装调试和日常维护保养。

（3）技术含量高、投资建设成本大、工作连续性不强、对维修专用设备设施及备品备件要求全面的设备设施大、中修程应以委外维修为主。如车辆的架大修需要配备大量的备件，且需设置架大修库、油漆喷漆等价值含量高的设备设施，应增加大量高技能检修维护人员，通过本地化市场的委外维修可以减少资源投入。

（4）检测技术含量高、维修工作量大的专业应采用联合维修，即检、修分开模式。如房建结构、路桥结构检测与维修等。

（5）有较高技术含量、涉及运营安全且故障排除及时性要求高的核心关键设备设施（如车辆、信号、通信、变电所、轨道等设备设施）的日常维护，应采取自主维修模式，以确保运营安全，保障运营服务质量。

2. 有轨电车维修模式的分类和优劣势分析

（1）维修模式的分类。

设备设施维保工作是有轨电车运营管理的重要内容，直接关系到有轨电车运行的安全可靠度，影响有轨电车运营效率。设备维修模式主要有自主维修和委外维修两种模式，其中委外维修又分完全委外维修和联合维修两种模式。

① 自主维修：有轨电车运营单位主招聘技术维修人员完成设备维修保养工作，组织机构和管理范围都十分清晰，设备维修可靠性、故障处理及时性都比较高。

② 委外维修：委托供货商直接维修或公开招标选择具有竞争力的其他维修服务商负责维修，运营管理单位只需配备人员进行监督、质量验收和责任界定等工作。

③ 联合维修：有轨电车运营单位和维修服务商共同完成设备维修，运营单位配备一定数量的维修设备技术人员，双方各司其职，实现资源的优势互补。

（2）维修模式优劣势分析。

随着我国城市轨道交通工程快速发展，特别是网络化运营后，两种维修模式逐渐显现出与现代化城市轨道交通管理特点和规律的不适应。自主维修与委外维修各有利弊，关键是各运营单位针对自己的发展定位、方向以及成本控制要点，综合比较后，确定最适合自己的管理方式。主要维修模式优劣势如表 7-1 所示。

表 7-1　主要维修模式优劣势

序号	主要维修模式	优势	劣势
1	自主维修	设备质量可靠性、故障处理及时性高；有利于运营公司技术人员自身技术能力的提高，有利于掌握核心技术	容易造成运营公司机构臃肿，以及人力资源、工器具、备品备件、材料等的大量投入，经济性较差
2	委外维修	能最大限度地减少运营单位人力资源投入精简机构，降低管理成本；减少运营单位维保设备投入，充分利用社会资源，有助于实现资源的优势互补；有利于控制维保设备、材料成本	对运营单位合同管理和技术管理水平要求高，需要通过严格合同管理以及监控措施降低风险；对维修单位的依赖性较强，需要较为丰富的外部市场资源，不利于运营单位技术人员自身技术能力的提高，不利于掌握核心技术
3	联合维修	有助于实现资源的优势互补，相较于完全委外维修模式在人力资源的投入和成本管理上有所增加，但降低了管理和安全风险，将维保单位与运营公司人员合理搭配组合，更有利于维修工作开展	对运营单位合同管理和技术管理水平要求较高；对维修单位有一定的依赖性

7.2.4　维修安全管理

有轨电车运营是特殊服务性企业，必须采取行之有效的安全管理措施，才能保障运营安全，才能进一步提高运营效率。安全管理是为设备维修工作实现安全生产开展的活动，以消除一切事故、避免事故伤害、减少事故损失为管理目的。维修现场的安全管理，重点是进行人的不安全行为与物的不安全状态的控制，落实安全管理决策与目标。根据维修生产的特点，维修部门需建立包括安全管理规章制度、安全评估体系及安全控制体系等方面在内的安全管理体系。体系内容应包括安全工作方针、安全生产责任制、事故调查、职业健康、劳动保护制度等。

维修安全管理内容应包括安全目标、事故管理、安全培训、安全检查、安全奖惩、设备安全操作规程、特种作业管理、特种设备管理、劳动保护管理、安全关键点、事故预案、自然灾害应急预案、应急信息处理、消防管理、危险化学物品管理、安全档案、OHSAS（职业健康安全管理体系）和 ISO 14001（环境管理体系认证）系统运行管理等方面。

运营维修安全工作方针为：安全第一，预防为主，综合治理。

7.2.5　生产物资管理

专业维修所需要使用的材料、工具、器具、备品备件等物资，不仅种类繁多，而且数量庞大，要完善物质的管理，需要建立相应的物资管理体系，对物资进行逐层的分解管理。

物资的管理框架采用逐级管理的模式，一方面，需要将具体的物资管理工作逐级向下分解到各个使用部门，按"谁使用，谁管理"的原则进行管理；另一方面，各个使用部门需定期逐级向上汇报物资的管理情况，上级管理部门需及时掌握物资的总体情况。

要管好物资，就要做好物资的分类。从资产管理角度来分，可以分为固定资产和非固定资产两类。其中，固定资产指企业使用期限超过一年，单位价值在一定额度及以上的建筑物、机器、运输工具等其他与生产经营有关的设备、工器具等；非固定资产是指不符合固定资产条件的设备、工具、材料、油料、备品备件、低值易耗、办公用品、服装、消防器具等。同时，也需要有相应的管理手段，用于指导物资管理工作的开展。常见的物资管理手段包括定额管理、全面预算、综合管理等。

定额管理是保证企业生产经理活动正常进行所确定的合理库存数量，又称为物资储存定额。物资消耗、需求的多样性使合理库存呈现不同状态，因此要依据实际情况来确定并跟随线网的发展不断进行调整。

全面预算是指生产维修部门及职能部门根据实际的物资消耗需求编制备品备件和生产材料（含低耗、油料、材料）清单，作为下一年度的资金预算的编制依据。

综合管理主要包含两个方面内容：一是建立相应的物资管理数据库系统，将所有仓库的物资录入系统数据库；二是定期汇总物资管理自查报告，上级管理部门可根据自查报告，有针对性地进行物资管理检查工作。

7.3　有轨电车设备维修的方式和策略

根据不同系统的设备，按其运行精度、性能变化或故障停运时，对运营安全、服务水准、运营成本及行车组织秩序等方面产生影响的程度，一般可划分为 A、B、C、D 四个不同的等级（见表 7-2），根据其不同等级可采用不同的维修方式及维修策略。

表 7-2　有轨电车设备维修等级划分

序号	等级	设备	影响程度
1	A	轨道、车辆、转辙机、主变压器、数据传输网络	影响重大，且没有备用设备
2	B	屏蔽门、防排烟设备、AFC 设备、EMCS、电视监控等	影响较大，但可通过启动备用设备或降级运行来减轻或消除
3	C	环控设备、电扶梯、FAS 设备等	影响不大，可以通过降级运行来消除或减轻
4	D	各类加工维修设备、给排水设备、车辆段内大部分设备等	无直接影响

7.3.1　设备维修方式

设备维修方式随着生产设备的复杂化和维修技术手段的提高、设备状态检测和故障诊断技术的不断开发、维修理论的创新，也在不断地发展变化，呈现出多种多样的维修形式和组合维修模式。维修方式一般采用计划修、状态修、故障修、改进性维修四种。

1. 计划修

计划修是为了防止设备性能及精度劣化或降低，根据设备维护保养手册、运转的周期和季节性等特点，按预先制定的设备检修周期与工作内容、技术要求和计划所进行的维修作业。

计划修是在故障率没有超过事先确定的指标之前，为了限制故障的产生而对设备采取的维修措施。计划修是根据事先确定的计划，当达到一个事先确定的时间周期时，对相关设备或系统进行的检查和处理或更换。保养维修的计划是根据设备制造者所提供的基础信息来确定的，但同时它也必须与设备当时的运转情况相适应。如果系统的可靠性较高，那么保养维修的周期可以相对延长，反之则要相对缩短维修周期。计划修的特点是管理相对简单、计划性强，能保证设备运行的良好状态，确保运营要求，但维修成本高，维修周期与深度的合理性一时难以掌握，适用于无备份且运营要求非常严格的系统和设备，主要是 A、B 类设备，如车辆、消防类系统和设备。

2. 状态修

状态修是在对设备进行检测的基础上，一旦某一参数超过了事先确定的限定警戒值，则需要介入维修。对故障发生能以参数或标准进行状态检查的零部件，可以采用状态修方式进行。状态修的特点是针对性强，故障设备修复周期短，能保证运营要求。设备故障消除在发生之前，能确保运营要求，维修成本最少。但是检测工作量大，要求的检测装备和水平高，技术管理难度最大，适用于具有自动检测功能的、与运营安全密切关联的 A、B 类系统设备。

3. 故障修

故障修是在某个部件出现故障之后所采取的维修方式。特点是平时维护工作量少，维护成本最低，但要考虑备用设备，故初投资较大，维修周期较长，适用于对行车、消防安全无直接联系、设备运行稳定且已考虑了足够备份的系统或设备，主要是C、D类设备，如房屋修缮、堵漏、车站一般照明灯具、车站排水、除防排烟以外的空调通风设备等。

4. 改进性维修

改进性维修是对设备进行改进或改装，以提高设备的固有可靠性、维修性和安全性水平，是维修工作的扩展，实质上是修改设备的设计，应属于设计、制造、科研技术改造、升级替代等范畴。但由于维修部门职责是保持、恢复设备的良好状态，因此，在设备固有可靠性、维修性和安全性水平不足时，提出改进性维修是预防性维修和恢复性维修工作的一种有效补充手段，也是设备改进循环中的一个必要环节。

当然，设备维修方式的选择基于设备的故障特征、设备在生产中的地位、生产特点、维修费用加以综合考虑，亦可采取组合维修模式。

7.3.2 设备维修策略

计划修作为一种传统的维修方式，目前仍被各城市轨道交通运营单位采用，尤其在运营初期。但计划修存在对技术培养和技术沉淀不利、经济效益不佳等弊端。对于稳定的线路，在维修技术积累好、管理水平高的单位，从人力成本及设备类型等综合因素考虑，选择性地对部分设备性能状态修的维修模式是比较理想的选择。设备维修策略如表7-3所示。

表7-3　维修策略介绍

维修方式	维修依据	适用设备	优势	劣势	适应阶段
计划修	设备维修修程（运行时间，频率等）	主要是A、B类等安全性能要求高的设备	设备安全可靠性高，技术水平要求不高	投入成本高，不利于技术培养	初期或小规模阶段
状态修	设备运行状态（设备检测数据与设备表现）	具有自动检测功能及运营安全密切相关的AB类系统设备	科学、安全、可靠、经济性最佳	需要投入检测设备和分析人才	有一定经验积累和技术分析能力，并形成线网阶段
故障修	设备故障（设备已不能安全可靠运行状态）	主要是C、D类设备	维修成本最低	设备安全可靠性低	有选择性地适应各发展阶段

7.4　有轨电车运营维修管理组织模式

7.4.1　维修组织模式

合理的维修管理组织模式能够有效地提高工作效率，减少人员、设备的重复配置。从对有轨电车设备系统维修管理的调研情况来看，主要有三种维修管理模式：线路维修管理模式、专业维修管理模式、区域维修管理模式。上述三种维修管理模式有不同的特点，应从线网规模、设备系统制式、资源整合、工作效率、维修抢险及时性等多方面情况综合考虑，做出合理的选择。

1. 线路维修管理模式

线路维修管理模式是根据线路独立配置检修试验设备，并设置相应的管理机构，以便完成小修、中修、大修。这种模式适用于单条或少量线路运营的情况。

2. 专业维修管理模式

专业维修管理模式是按专业划分的，各自独立配置检修试验设备，并设置相应的管理机构，每个专业负责所有线路（或其中若干）相应设备的维修管理。维修管理机构设置的数量与对应负责的线路数量，可根据各地区实际情况确定。这种模式适用于多条线路运营的情况。

（1）专业维修管理模式的主要特点。

① 适用性强，既适用于建设初期、快速发展阶段，也可用于线网成熟阶段。目前我国正处于有轨电车快速发展阶段，专业维修管理模式是主流发展方向。

② 能充分保障各条线路各设备系统的维修需求，保证新建线路快速投入正常运营。

③ 根据线路长度、车辆段位置等条件合理设置维修部门管理线路的范围，能够在一定程度上整合维修资源，包括人力、维修物资等。

④ 各维修部门的管理范围、工作接口和界面，划分简单、清晰。

⑤ 对设备系统和制式要求不严，适用于所有设备系统的维修管理。

（2）专业维修管理模式的优缺点。

专业维修管理模式的优点是专业划分细致，专业化水平较高，能充分整合和利用资源。该模式避免了每条线路配备各自的维修部门、各线维修资源不能共享、人员和设备的利用率低对维修资源的总体调度和维修工作日常管理不利，还造成设备及人员的重复投入等弊端。因此，在多线运营时，应考虑按专业进行维修管理。其不足是如线路较长或管理线路较多时，维修抢险调度和及时性上有不足。

3. 区域维修管理模式

区域维修管理模式是将整个线网分为几个区域，按划分的区域各自独立配置检修试验设备，并设置相应的管理机构，对应负责该区域内所有或若干线路（或线路中某部分）的设备维修和应急抢险。维修部门的数量与对应负责的区域根据各地区实际情况确定。这种模式适用于有轨电车线网比较成熟的情况。

（1）区域维修管理模式的主要特点。

① 适用于线网规模成熟稳定阶段，维修机构、人员和设备在一个区域内集中设置，与该区域内线路之间距离较短，能为该区域内的线路提供及时高效的维修服务。

② 由于维修人员设置相对集中，管理合理，响应及时，分工明确，提高了应急抢险能力，能在短时间内完成应急抢险任务。

③ 维修人员和设备充分集中、整合，在现有基础上发挥最大的工作效能。

④ 对区域维修机构和维修调度有较高的要求，需具备多系统设备维修的全面能力。

⑤区域维修模式具有一定的局限性，并不是对所有系统设备都适用，对各系统设备属性和制式的适用性应有进行详细研究，对于设备具有特殊性的系统应具体分析。

⑥需要满足同一区域内、不同制式设备系统的维修、多系统设备备品备件以及对物流的要求。

⑦区域内涉及不同的线路、不同的厂家，因此，对维修设备和维修人员有较高的要求。区域维修管理模式是在线网建设成熟后适用的一种高水平的管理方式，能最大程度发挥现有人员、设备等维修资源的能力，同时实施难度也较大，需要一系列成熟完善的管理体制作保障。

（2）区域维修管理模式的优缺点。

区域维修管理模式的优点是对既有维修技术资源、维修设备资源等进行整合，提高工作效率，提高技术水平，而管理范围的稳定对技术人员的培养及管理队伍的成长都有益处；其不足是在线路成熟程度不高时，可能会出现维修技术和设备的分散式布置而造成的维修资源冗余，管理范围狭长，维修响应能力降低，工作效率下降等问题。

7.4.2　维修管理组织模式的选择

各有轨电车运营单位未形成网络化（线网）运营时，可将线路管理模式和专业管理模式相结合，充分发挥两种方式的优点，在按专业组织的基础上再按线路划分维修管理范围。待线网发展成熟后，为了进一步提高维修管理水平，从整合人力、设备资源，提高维修响应速度、降低运营成本等方面考虑，在这个阶段可考虑采用区域管理模式。同时，由于区域管理模式具有一定局限性，对所有设备系统不能一概而论，而应根据各自资源配置、地理状况、设备差异及发展方向制定适合自身发展的维修管理模式。不一定是单一的，也不是一成不变的，只要符合企业发展方向，能够提升维修效率和经济效率，可以更好地为运营提供安全可靠的设备维修服务，都可以采用。

7.5　有轨电车维修施工组织管理

有轨电车大部分运营设施设备除突发故障外，在正常运营结束后方可组织开展维护。为确保运营设施设备的维护在有限的时间和空间内及时、安全、有序、高效地开展，实现运营设施设备正常运行，保证运营安全、顺畅，必须对设备设施的维护进行严格、有序的组织管理。通过有效施工组织管理，加强计划管理，提升施工效率，为确保设备设施的运行质量提供有效保障。

7.5.1　前提准备

1. 设备检修计划

设备检修计划用于明确全年的工作目标，下达主要生产任务和关键要点，按检修的规程可以分为大修、中修、小修等，每年下半年开始，根据运输计划安排。设备检修规程等文件编制次年的设备检修计划，完成编制后，需根据设备维修的特点，合理开展设备采购人员安排等后续事宜。在每个月实施过程中输入月度检修计划，由设备维修部门申报施工计划并组织资源实施结合设备。

结合修程要求，如果运营压力较大或元器件压力负荷不均匀，可以考虑采取专项检修、分散检修的形式，将某部分运行压力较大的设备通过专项检修形式分散检修压力和风险，也可减少设备退出运营造成的影响。

2. 制定施工方案

在进行部分大型维修施工作业或非常规性检修和维修作业时，需要先制定施工方案，以保障施工的顺利进行。一般而言，施工方案包括施工工程分析、工期策划、施工准备情况（人员、组织、材料、产地、运输）、主要技术方案（技术线路、措施、方案）、施工监测、质量保证措施、安全保障措施、风险识别和应对预案等。

3. 确定设备状态

一般情况下，维修是在故障率没有超过先前确定的指标之前，为了限制故障的产生而对设备采取的维修措施。维修可以根据使用时间、运行工作量（如车辆的运行里程等）、设备状态检测情况而定。如果系统的可靠性比较高，那么维修的周期可以相对延长，反之则要相应缩短维修周期。

7.5.2　施工计划

施工计划按地点可划分为在正线、辅助线、车站、主所、控制中心范围内的作业和在车辆段、停车场范围内的作业；按影响和需求可划分为影响正线的作业、开行工程列车、电客车的施工、对客运服务、消防设施设备造成影响的施工等；按时间可划分为月计划、周计划、故障修计划、抢修计划等。各作业单位需提前继续计划申报，通过作业技术条件审核、作业安全环境审核、作业配合人员审核等流程，最终达到作业计划获批、下发。计划管理应符合确保安全的前提下，考虑均衡安排，避免集中作业；处理好列车的开行时间和密度，避免抢时、争点现象；经济、合理地使用机车车辆，避免浪费资源等原则。各运营单位也可根据自身组织架构优化相关流程。

7.5.3　现场施工组织

现场施工负责人在向控制中心请点时，必须出示施工作业令、施工负责人证，原则上现场施工负责人必须于施工计划中所列现场施工负责人一致。各类施工工作，所有作业均必须经控制中心批准后方可进行。各施工单位的施工、检查作业，必须严格控制作业区范围及作业时间。开行调试车施工作业，由现场施工负责人向控制中心办理请销点手续。作业期间，行车调度根据需要配合进行排列进路操作。

各类特种作业请点前，必须出示特种作业作业许可证原件、从事该特种作业的作业资格证复印件、作业安全责任人工作证件，检验无误后方可请点作业。在轨行区线路进行的施工，作业人员都须按要求穿反光衣，并根据作业性质及作业要求使用其他安全防护用品，现场施工负责人应指派专人担任安全员，做好有关安全防护工作。设计动车类作业时，施工人员应严格按规定摆放红闪灯，确保红闪灯状态良好，施工期间定期检查红闪灯是否按规定摆放、状态是否良好，施工完毕后及时撤除红闪灯。现场施工完成后要清点工具设备，再确认完毕出清。

当发现设备故障时，应及时向控制中心报修，由调度安排相应的维修人员进行故障处理工作，维修人员在处理过程中需要支援的可以向调度提出相应的要求。出现重大事故时，调度在安排人员处理的同时，应及时将相关信息向上级上报。

7.6 涉氢设施设备维修管理

氢能源有轨电车维修涉氢管理可以从以下几方面体现。从人员技能方面，可以对维修人员进行氢能源安全知识培训，通过考核后方可上岗，并在固定周期内开展巩固和强化培训。从物资管理方面，应理清作业过程中可能接触到氢气的施工环节，应及时采购需要用到防爆工器具，做好物资记录台账，对于需要定期送检的工器具要进行实时监控；从施工组织方面，应充分考虑到氢能源有轨电车的特性，如：电车须在结束运营到投入运营期间完成车辆加氢作业；库内停放有带氢电车时不得开展任何动火作业等要求，合理分配各类施工作业的窗口时间，提高生产效率。

涉及运营人员全员参加氢能源安全专项培训，培训内容按照基于不同类型岗位深度有所差异，大致包括安全生产意识培养、涉氢作业注意事项、事故应急处置办法等，培训完成后考取培训合格证。

7.6.1 维修岗位人员氢能安全培训及人员行为要求

1. 氢能源安全培训

（1）本部门员工、委外单位人员、零星外来人员等均需开展针对性氢能源安全培训后方可上岗或进入涉氢区域。

（2）氢能源安全培训开展人员，均需通过安全技术部门备案。

（3）培训须使用经安全技术部门确认过的对应人员类别的教材及试卷。

（4）培训后考试试卷及成绩需书面留存，并定期报安全技术部门备案。

（5）培训后如连续离开现场超过 6 个月，需重新培训。

（6）氢能源安全专项培训每半年在部门内组织开展一次。

2. 行为要求

（1）严禁在本项目停车场内任何区域吸烟。

（2）应经过本类别的岗位培训、考试合格后上岗。

（3）进入涉氢区域前，需用手触摸静电释放球。

（4）进入涉氢区域需穿好防静电服、鞋等劳保用品，严禁穿脱、拍打衣帽或类似物，避免跑动、剧烈运动，行为应舒缓，降低衣物产生静电的强度。

（5）严禁携带火种、成串钥匙、非防爆电子设备、手机、非防爆对讲机等设备进入涉氢区域。（值乘司机可将手机、对讲机关机后放电客车驾驶室，严禁打开）

（6）涉氢区域内有带氢电客车时应使用不产生火花的铜制、塑胶等工具。

（7）值乘乘务司机进入涉氢区域，手机、对讲机必须为关闭状态，电客车驶出涉氢区域后方可打开。

（8）无动火令时，严禁在库内进行点火、钻孔、材料间磨擦、金属敲击、切割、焊接等任何容易产生火花的作业。

7.6.2 防爆区域划分及作业安全防护要求

涉氢区域内根据爆炸性气体出现的概率及通风状况，细分为不同的防爆区域。防爆区域有防爆0区、防爆1区和防爆2区。不同的防爆区域采用不同等级的防爆措施。

1. 防爆0区

（1）定义：连续出现或长期出现爆炸性气体混合物的环境。

（2）区域：停车场、正线并无连续出现或长期出现爆炸性气体混合物的环境，因此，不存在防爆0区。

（3）防范措施：无。

2. 防爆1区

（1）定义：正常运行时可能出现爆炸性气体混合物的环境。

（2）区域：库内带氢电客车车顶平台上方为防爆1区。

（3）防范措施：进入该区域需穿防静电服及鞋套；不得在该区域内开展任何动火作业及点火、钻孔、材料间磨擦、金属敲击、切割、焊接和临时用电等任何容易产生火花的作业；不得带入任何手机、非防爆对讲机等无线电设备；手电筒、万用表和PTU等生产设备必须使用防爆款；必须使用防爆插座，防爆插座插入或拔出时不得带负载；不得在本区域内存放任何其他类型易燃易爆、强氧化剂等危险品。

3. 防爆2区

（1）定义：正常运行时不太可能出现爆炸性气体混合物的环境，或即使出现也仅是短时存在的爆炸性气体混合物的环境。

（2）区域：涉氢区域内除防爆1区外均为防爆2区。

（3）防范措施：进入该区域需穿防静电服；不得在该区域内开展任何动火作业及钻孔、材料间磨擦、金属敲击、切割和焊接等任何容易产生火花的作业；不得带入任何手机、非防爆对讲机等无线电设备；不得在本区域内存放任何其他类型易燃易爆、强氧化剂等危险品。

4. 物理上无隔离的相邻防爆分区重叠作业的应对原则

本项目虽按照爆炸性气体出现的可能性对涉氢区域划分了不同的防爆分区，但是，由于同一个库内不同分区之间并无隔墙等物理隔离，为安全稳妥起见，对物理上无隔离的相邻防爆分区重叠作业的应对原则如下：

（1）同一库内不同防爆分区间原则上不安排重叠作业。

（2）带氢电客车检修时，其他专业最高只允许做不需要动用任何工器具的目视检查，不允许开展复杂维修。

（3）如物理上无隔离的相邻防爆分区内无法避免重叠作业，低等级防爆分区的防护措施须与相邻高等级防爆分区防护措施一致。

（4）如条件允许，尽量采用不同天（或不同时间）开展不同作业的方式来组织生产、控制管理难度及降低安全风险。例如涉氢区带氢电客车检修时与其他专业所有检修不同时。

5. 涉氢区域氢气释放源清除后开展作业应对原则

对于涉氢区域氢气释放源清除后（即未停放任何电客车或电客车涉氢管路内氢气已被氮气置换掉），该区域可视为普通厂房，经调度批准后，各专业可采用常规轨道交通生产方式开展作业。但任何动火作业仍需按动火作业规范执行。

6. 静电危害防止规定

（1）作业人员在防爆区应穿符合规定防静电工作服和符合规定的防静电鞋。工作服宜上、下身分开，易于脱卸，严禁在爆炸危险区域穿脱衣服、帽子或类似物。

（2）防爆区内不准使用化纤材料制作的拖布或抹布来擦洗物品及地面。

（3）工作时应有条不紊，避免跑动等急性动作，减少衣物摩擦。

（4）防爆区内不得携带与工作无关的金属物品。

（5）进入防爆区前作业人员应用手接触金属接地棒，以消除人体所带的静电。

（6）在防爆区严禁内携带或使用无线通信设备。

（7）防爆区内任何设备在启动或连接前应做接地连接。

（8）周期性检测各类接地装置接地电阻是否符合标准。

（9）车辆在进行加氢操作前先挂上接地线，并确认接触良好。

（10）打开气体阀门时缓慢操作，控制气体流速，避免产生静电。

7.6.3 主要涉氢设备检修作业要求

1. 消防风机

运用库消防风机，平时开启一半数量用于通风换气，当车间氢气浓度大于其爆炸下限浓度值（体积分数）的 20% 时，开启全部屋顶风机进行事故通风，屋顶风机应分别在车间内外便于操作的地点设置手动控制装置。

（1）检修要求。

① 周检：检查风机运行良好，联动系统电缆无破损。

② 季检：检查风机所有部件外观良好、螺栓安装紧固、风机测震参数、轴承润滑与磨损情况；对风阀执行器进行测试及调整，联动系统启停正常。

③ 年检：同季检保养全部内容；除锈刷漆、检查螺栓安装紧固、叶片距管壳的间距，更换吊杆，紧固风叶。

（2）质量关键点。

消防风机联动系统启动正常，每个风机均能启动。

2. 库内氢气泄漏探测设备

列车检修库内一共有 32 台氢气泄露报警器，外壳材质为铝合金，测量范围为 0~100%LEL，精度≤3%F.S。该报警器具有防爆设计，适用于 1 区、2 区危险场所。

（1）检修要求。

①周检：检查报警器等所有部件外观良好，检查螺栓安装紧固，标记清晰可见无错位。

②月检：清除报警器污物。

③小修：对报警器进行功能测试。

（2）质量关键点。

检测响应时间是否在规定范围内。

3. 电客车储氢瓶

每列氢能源有轨电车车顶装有 6 个储氢瓶，材质为无缝铝合金内胆碳纤维全缠绕气瓶，每个额定容量 140 L，氢气存储额定压力为 35 MPa。

（1）检修要求。

①日检：检查储氢罐罐体等所有部件状态良好、无撞击痕迹，检查螺栓安装紧固，防松标记清晰可见、无错位。

②均衡修：检查储氢罐等所有部件状态良好无受损、裂纹、缺失、污染、撞痕、变形的零件或冲击零件，检查螺栓安装紧固，防松标记清晰可见、无错位。

（2）质量关键点。

储氢瓶体是否有裂纹、撞痕。

4. 电客车涉氢管路

氢能源有轨电车涉氢管路材质为高柔性全金属软管，最小内径 9.4 mm。

（1）检修要求。

①日检：车顶检修时使用手持式气体泄漏探测仪对涉氢管路接头处进行检测。

②均衡修：检查涉氢管路状态良好，无受损、裂纹，检查螺栓安装紧固，防松标记清晰可见、无错位，管路无泄漏。

（2）质量关键点。

涉氢管路连接处是否有氢气泄漏。

5. 电客车各类阀件

氢能源有轨电车涉氢阀件主要包括组合瓶阀、限流阀、球阀、单向阀、电磁阀、一级安全阀、二级安全阀等。

（1）检修要求。

①日检：车顶检修时使用手持式气体泄漏探测仪对涉氢阀件进行检测。

②均衡修：检查各类涉氢阀件无裂缝、污染或撞痕；瓶口电磁阀、供氢管路电磁阀等线束连接可靠，无破损现象，工作正常；系统停机状态下检查减压阀低压端压力在正常范围之内。

③一级安全阀、二级安全阀需每半年送检一次。

（2）质量关键点。

各类涉氢阀件接口处是否有氢气泄漏，线束是否连接可靠。

6. 手持式气体泄漏探测器

手持式气体泄漏探测器用于监测空气中气体的含量，浓度超过设定值后会发出声光报警。

检修要求：

① 故障修：设备出现故障时根据使用维护手册进行维修。

② 需每年送检一次。

7. 氢气释放及氢气置换作业

电客车需要进行动火作业等检修或长期停放，导致储氢罐内氢气需要进行释放或置换的作业。

管理要求：

（1）所有电客车涉氢设备均衡修以上检修及维修，需进行氢气释放及氮气置换。

（2）除非燃料电池模块故障，氢气释放须优先采用开门开空调及照明方式，尽快避免直排大气。

（3）氢气的排空必须在加氢线或开阔的室外进行，如在开阔的室外需使用升降平台登上车顶（注意登高安全），周围至少 10 m 内没有明火和高温源。

（4）现场要求地面应做到平整、耐磨、不发火花。

（5）要求现场有接地柱，氢气置换前需接地处理，接地电阻小于 10 欧姆。

（6）要求操作现场有警示标志及警戒线，防止非操作人员随便靠近。

（7）置换操作前明确气瓶内气体种类与压力，严禁不明气体的置换。

（8）条件许可的话，现场（尤其是集装格上）应有遮阳措施，避免阳光直射气瓶或设置采用阻燃材料的雨篷。

（9）要求穿防静电服、防静电鞋套，作业前消除身上静电。

（10）氢气释放及氢气置换作业需使用氢气置换装置。

（11）需提前确认电客车已断电。

（12）雷雨天气不能进行氢气排空操作。

8. 电客车涉氢设备检修作业

对电客车燃料电池、储氢冷却系统、涉氢管路、涉氢阀件等设备维修作业。

管理要求：

（1）从事涉氢设备维修人员进入均应接受相应的培训，并取得上岗资格证书。

（2）严禁带入火种，严禁吸烟，严禁在检修库内使用手提电话机、寻呼机及非防爆电器。

（3）要求穿防静电服、防静电鞋套，作业前消除身上静电。

（4）涉氢设备检修（均衡修）前需进行氢气置换。

（5）检修库内不允许同时开展涉氢设备检修以外的检修作业（除目视检查外）。

（6）需提前确认电客车已断电。

（7）需提前确认电客车已进行防静电处理。

（8）作业前后需用手持式气体泄漏探测器检测涉氢设备、管路、阀件及连接处有无氢气泄漏。

（9）使用防爆工具、防爆设备进行检修作业。

（10）涉氢设备检修人员，不得随意敲击氢气设备、管道和容器，且不得随意触动运行中的设备、管道和容器。

7.7　小结

本章阐明了氢能源有轨电车设备系统维修管理目的和原则，指出了设备维修的关键因素，对设备维修模式的分类和维保维修的等级划分进行了介绍，简单分析了三种维修管理组织模式的优缺点，并对维修施工组织管理的几个重要环节作了说明。然而，氢能源有轨电车在常规维修管理的基础上还需要特别注重维修涉氢管理。

最后，由于氢能源有轨电车在国内尚属新兴行业，各专业，尤其是车辆专业在维修工作中，要关注车辆中涉及氢气设备的使用情况，详细记录使用中和维修保养过程中发现的问题，在原有检修规程的基础上，动态地补充各项专项检修。

8.1 运营安全相关法律法规

8.1.1 安全生产法规

目前，国内投入商业运营的氢能源交通设施主要集中在地面交通车辆方面，随着我们对氢能源交通的认识逐渐深入，氢能有轨电车项目逐渐增多。氢气是易燃易爆的危化品，对有轨电车的安全运营和日常安全管理工作提出了很大的挑战。氢能源有轨电车在现代轨电车运营安全管理基础上，结合氢能源交通特点，重点参照《氢能车辆加氢设施安全运行管理规程》（GB/Z 34541—2017）、《氢系统安全的基本要求》（GB/T 29729—2013）、《加氢站安全技术规范》（GB/T 34584—2017）、《氢气使用安全技术规程》（GB 4962—2018）等国家标准，制定适合氢能源有轨电车的安全管理规章制度，并且对标《安全生产法》落实安全责任制，签订安全责任状和明确安全生产目标。

8.1.2 城市轨道交通运营管理办法

为了加强氢能源有轨电车运营管理，维护氢能源有轨电车运营秩序，保障乘客和氢能源有轨电车运营者的合法权益，氢能源有轨电车严格按照城市轨道交通运营管理办法，按照国家有关规定和特许经营协议，制定氢能源有轨电车运营服务规则和氢能源有轨电车设施保养维护办法，保证氢能源有轨电车的正常、安全运营。

8.2 安全管理模式及其运作

8.2.1 安全管理制度

氢能源有轨电车运营单位需制定安全生产制度，使安全生产工作制度化、规范化、标准化，通过安全体系各项制度确保运营安全生产。安全管理制度需包含下列安全子系列：安全生产责任制、安全工作方针、安全规章管理制度、安全生产会议制度、安全管理人员管理制度、员工安全生产权利与义务、安全资金投入与使用制度、安全生产紧急物品采购制度、安全生产教育、安全生产培训制度与持证上岗制度、安全检查制度、安全监察制度、危险源识别与防范制度、安全生产隐患管理制度、事故（事件）调查处理制度、安全奖惩制度、客运伤亡事故处理制度、职工伤亡事故处理制度、劳动防护用品配备和使用管理制度、职业健康劳动保护制度。

8.2.2　安全责任制

氢能源有轨电车运营单位需制定安全生产责任制度，明确各级安全责任人的组织结构，应详细地确定各岗位的安全职责，应符合安全生产标准化要求。其要求如下。

（1）安全网络建立。运营单位需落实企业主体安全责任，强化安全管理网络职能，需制定明确各层级专兼职安全员责任。安全管理网络主要由运营单位负责人、专/兼职安全管理人员组成，涵盖运营单位各个层级。

（2）责任状签订。安全生产是关系到运营单位全员、全面、全过程的大事，为确保安全管理横向到边，纵向到底，按照逐级负责的原则，各级单位与员工应当签订安全责任状。涉及委外单位维保、委外后勤、安保人员，应当签订安全责任状。严格落实安全责任，责任到人，责任到岗，明确安全生产目标各岗位安全责任。

（3）安全目标制定。根据实际情况确定年度安全生产的控制目标，并将控制目标分解到各单位，明确各单位的安全生产、消防安全的控制目标。运营单位各生产及职能机构应结合其内部安全生产管理的特点，进行安全目标分解，做到安全有人管。

8.2.3　安全工作计划

氢能源有轨电车运营单位安全生产工作应当坚持"以人为本，坚持安全发展，坚持安全第一、预防为主、综合治理"的方针，制定整体安全生产目标计划，狠抓基础性安全、质量管理工作落实，严守安全质量管理红线，以创新安全、质量管理工作方式方法，进一步提升运营安全生产水平。安全生产计划包含以下内容如下。

（1）制定年度安全整体工作计划，明确目标安全生产指标、消防安全指标、维稳、综治内保责任目标，落实安全管理工作。

（2）制定年度安全生产教育培训计划，提升各岗位员工包含委外单位维保、委外后勤、安保人员安全生产意识，增强预防事故、控制职业危害和应急处理的能力。

（3）制定年度应急演练计划，检验各岗位人员的应急处置能力和业务技能水平、检验与等外部单位应急处置联动流程，对预案演练和应用过程中发现的问题，及时修订完善应急预案。

（4）制定年度安全检查计划，细化安全生产检查工作方案，同时根据细化方案开展运营管理风险点、隐患排查识别工作，落实各项安全检查，形成问题闭环整改。

8.2.4　人员教育培训

1. 安全教育

企业的安全教育是安全生产三大对策之一，企业职工安全教育的目的是显而易见的。运营单位应训练职工的生产安全技能，掌握安全生产的知识和规律，以保证在工作过程中提高工效、安全操作。运营单位可根据实际情况，开展有自己特色的安全教育。

2. 人员培训

鉴于氢能有轨电车运营项目不多，人员培训管理方面没有过多的经验可借鉴，参照国内外现有轨道交通行业规范和标准的基础上，建议对全员增设涉氢安全专项培训。

（1）外部培训。

为不断提高涉氢化学品应急管理能力和工作水平，建议定期邀请行业专家开展涉氢安全专题培训讲座。从专业角度对氢气基本知识、涉氢安全生产制度建设、人员操作规范、生产安全事故案例分析等方面内容，通过理论讲授、案例讨论、经验分享等方式，提高员工涉氢安全生产意识，推动安全生产工作有效落实。

（2）内部培训。

① 涉氢专项培训：根据实际运营生产情况，持续开展氢能源规章修编工作，并编写氢能源安全专项培训材料，组织内部及委外单位人员开展氢能源安全专项培训。

② 白名单制度：执行白名单管理制度，加强涉氢区域人员进出管理，凡未参加氢能源安全专项培训及考核合格的人员不得进入涉氢区域。

8.2.5 风险管理

1. 日常检查

运营单位安全检查需制定安全专项整治计划，组织开展日常安全检查、节假日前安全检查、隐患排查、组织专项（施工、行车、设备、客运、特种设备）安全检查。同时强化委外单位管理，每月按计划开展委外维护单位安全生产检查，督促落实整改。

2. 风险辨识

运营单位应开展管辖范围内正线线路、车站、变电站、车辆段（停车场）、资源商业经营场所等危险源辨识、风险评价与确定控制措施，以及发生自然灾害、事故灾难、公共卫生事件、社会安全事件等方面的突发事件安全风险辨识、风险评价与确定控制措施。

3. 隐患排查

运营单位需通过开展"全员、全方位、全覆盖"的安全隐患排查工作，全面掌握各专业隐患的存在情况，采取有效措施，及时妥善化解隐患，建立健全安全生产事故隐患排查治理长效工作机制。编制岗位隐患排查手册。对照风险辨识台账，按照"一岗一册"的原则分解到各岗位，编制各岗位的隐患排查手册。

8.2.6 涉氢场所管理

1. 氢能源安全标语标识

运营单位需对涉氢场所最基础的标识做出规定，根据涉氢区域现场完成安全标识标牌安装工作，通过具有象征性、方向性、暗示性记号提醒现场作业人员，加强涉氢安全管理，以减少安全隐患（见表8-1）。

所辖区域应基于设置原则细化标识要求，应将管理范围内的涉氢安全标识标语纳入日常安全检查，保持安全标志的完好、整洁和清晰，发现毁坏应及时处理。

（1）停车场出入口。应设置"禁止吸烟""禁止携带火种进入"等警示语，并设置"外来人员（车辆）管理规定""安全须知"等安全提示。

（2）涉氢区域（如车辆检修库）。在出入口位置设置"禁止吸烟""禁止携带火种进入""禁止使用手机等电子产品进入""进入前需释放静电""注意通风"等警示语，进入防爆 1 区前设置"按规定穿防静电服"警示语。

（3）加氢线。悬挂"加氢作业前后氢泄漏检测要求""加氢作业须知"、"确认车辆制动良好"等安全提示。

（4）此标语标识要求只针对涉氢专项标识的设置，其他类型标识不在此做规定。

表 8-1　氢能源安全标语标识

序号	名称及图形符号	类别	配置目的及规范
1	禁止打手机	禁止	1. 警告现场人员禁止使用手机，以免影响设备正常运行或发生火灾、爆炸事故。 2. 设置在因手机电磁干扰而影响设备正常运行的场所或有易燃易爆物的场所墙面或相关设备、设施的显眼处
2	禁止带火种	禁止	1. 警告人们现场有易燃易爆物，禁止带火种进入。 2. 设置在有甲类火灾危险物质及其他禁止带火种的相关危险场所的出入口显眼处
3	禁止吸烟	禁止	1. 警告人们不要在有规定的场所吸烟，以免伤害他人或造成火灾事故。 2. 设置在禁止吸烟的公共场所和有甲、乙、丙类火灾危险物质的场所。固定在相关场所的墙面或相关设备、设施的显眼处
4	禁止穿化纤服装	禁止	1. 提示现场人员禁止穿化纤服装，以免有静电造成事故。 2. 设置在有静电火花会导致灾害及有易燃、易爆物质的场所。固定在禁穿化纤服装的区域、场所的入口处墙面的显眼处
5	禁止烟火	禁止	1. 警告人们在特定场所禁止有烟火。 2. 设置在有甲、乙、丙类火灾危险物质的场所，如仓库、车间、设备房等。固定在相关场所的墙面或相关设备、设施的显眼处

序号	名称及图形符号	类别	配置目的及规范
6	禁止穿带钉鞋	禁止	1. 提示现场人员禁止穿带钉鞋，以免有静电造成事故或触电危险。 2. 设置在有静电火花会导致灾害及会造成触电危险的作业场所。固定在禁穿钉鞋的区域、场所的入口处墙面的显眼处
7	当心火灾	警告	1. 提示人们现场有易燃品，不能有明火，以防火灾发生。 2. 设置在易发生火灾的危险场所。固定在相关场所的墙面或相关设备、设施的显眼处
8	必须穿防静电工作服 Must wear anti static overalls	指令	1. 防止作业人员作业过程中产生静电。 2. 设置在运用库入口

2. 车场安全管理规定

（1）停车场范围内严禁吸烟。严禁堵塞消防通道及随意挪用或损坏消防设施。

（2）进入停车场的外部人员需在门卫处做好登记，由已参加安全培训的员工带领方可进入停车场。遵循谁带领，安全谁负责。

（3）进入停车场的员工需自觉出示员工证，无员工证按照外部人员处理。

（4）进入停车场的外单位作业人员，需携带作业工器具或物资进入停车场，进入前需进行拍照发相关人员确认，严禁携带作业无关危险品或易燃易爆品进入停车场。

（5）进入车场的车辆必须出示停车场专用车辆出入证。无专用车辆出入证视为外部车辆。

（6）外部车辆进入停车场须在门卫处登记，门卫需核实身份及来访目的，并对车辆装载物品（无危险品或易燃易爆品）进行检查后方可发放临时车辆进入许可证，并由已参加安全培训的员工带领方可进入停车场。

（7）车场内限速 10 km/h，按照指定的区域或指定车位集中停放，车辆行驶严禁穿越平交道口。

3. 涉氢区域安全管控措施

停车场是运营核心基地，承担着有轨电车的综合指挥、车辆停放、车辆检修、车辆加氢、日常保养等多项功能。按建筑设计防火规范规定，检修用的运用库和加氢用的加氢岛定义为甲类火灾危险性场所，是停车场的重点要害部位及消防重点防火部位。停车场内需制定围蔽处置措施，如增设护栏，对运用库及加氢岛实行围蔽，实现场内生产区域、办公区域分级管理，生产区域全物理封闭管理。涉氢入口设立电子设备存放点及静电仪消除仪，保障氢能安全管控。

8.3 应急管理

8.3.1 运营应急预案体系

为保障氢能有轨电车安全运营，运营单位建立了一套适用于氢能源有轨电车的应急预案体系。如图 8-1 所示。

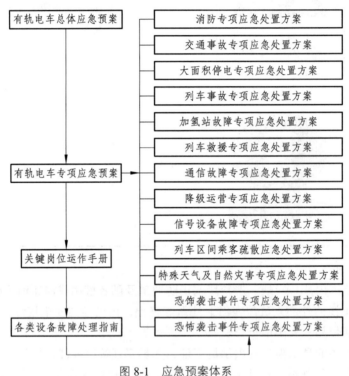

图 8-1 应急预案体系

8.3.2 突发事件处置

1. 处置原则

（1）以人为本，安全第一。坚持把保障人民群众生命财产安全作为氢能源有轨电车运营突发事件应急处置工作的首要任务，千方百计确保最大限度地减少人员伤亡和财产损失，保障有轨电车系统正常运行。

（2）政府主导，协调联动。有轨电车运营突发事件发生时，由政府监管部门、监管企事业单位、有轨电车运营单位负责运营突发事件先期处置，通过建立联动机制协调各部门共同处置，确保应急处置工作规范有序。

（3）快速反应，科学处置。发生运营突发事件，各相关单位立即按照职责分工，根据相关预案开展应急处置工作；积极运用先进科学技术手段，充分发挥专家决策咨询作用，确保应急处置工作快速高效。

2. 应急处置

接报或确认发生突发事件后，各单位启动响应程序，应急处置流程如图8-2所示。

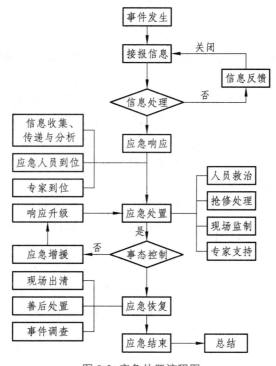

图 8-2 应急处置流程图

（1）OCC响应程序。

① 各调度立即按预案或故障处理指南进行处理、上报。

② 立即组织司机、车站、维修人员等现场人员，按预案或故障处理指南进行处理。

③ 立即按信息通报流程进行公司内部和向政府抢险部门报告。

④ 通知相关抢险队出动，并确认出动情况。

⑤ 影响行车时，立即进行行车调整。

⑥ 根据应急抢险需要，通知车厂调度做好抢险工程机车、车辆出动准备，并组织赶赴现场。

⑦ 当行车中断时，OCC配合抢险负责人开展相应的应急抢险组织工作。

⑧ 当行车与应急抢险并行时，由OCC负责行车、抢险的时机安排。

（2）各生产单位响应程序。

① 接报后，立即组织抢险队当值成员到达集合地点，并携带抢险器材、通信器材，赶赴现场。

② 根据事件规模，组织增援人员赶赴现场。

③向 OCC 报告部门内部信息通报和抢险队出动情况。

（3）职能部门响应程序。

①根据事件程度，各职能部门按应急抢险体系架构规定，组织本部门人员立即赶往现场。

②发生员工人身伤害事故或涉及新闻媒体事件时，相关管理部门组织人员赶往现场。

（4）应急抢险组成员部门到达现场后的响应程序。

①组织查看现场，制定抢险方案，报现场总指挥批准。

②明确各抢险单位的具体工作。

③指定人员负责抢险过程中安全监督工作。

④组织实施抢险。

（5）抢险现场作业纪律。

①需两个单位以上联合处理的复杂故障，在抢险方案确定前，各抢险队不可擅自进行抢险或移动现场。

②抢险方案由抢险组组长统一指挥实施。具体应急抢险作业由各抢险队按抢险方案分工执行，由专业负责人组织实施，其他人员不得随意向正在进行抢险作业人员下达操作命令。

③抢险方案的变更须经现场总指挥或抢险组组长批准。

④发现抢险作业现场有危及人身或车辆、设备安全的紧急情况时，现场人员有权停止现场作业操作，并迅速通报抢险负责人。

⑤现场停、送电按相关工作程序组织办理。

⑥涉及群死群伤事故的现场，各部门均负有保护现场责任。有关现场的处置应按相关法律法规执行。

（6）应急结束。

事故现场得以控制，环境符合有关标准，导致次生、衍生事故隐患消除后，经现场指挥部确认和批准，现场应急处置工作结束，应急抢险队伍撤离现场。OCC 发布应急处置结束信息，通知各单位恢复正常状态。

8.3.3 特殊气象及自然灾害专项应急处置

1. 特殊气象及自然灾害危害

（1）台风、雷雨大风（含龙卷风）可能造成的危害。

①外部异物侵限或大风横向作用力危及行车安全，导致列车脱轨、倾覆等危害，并造成人员伤亡，或因雨水影响轮轨摩擦系数，导致列车空转滑行。

②车站广告、摄像头、显示屏等悬挂设备设施被强风破坏，大量乘客长时间滞留车站避雨，影响列车停站上下客。

③排水不畅造成水淹轨道。

④户外作业人员遭受台风吹袭，导致人员被吹倒摔伤或刮走，危及作业人员的人身安全。

⑤车站的结构、幕墙、广告电视及露天设备等遭受雷击，引起火灾或设施破坏，或物品掉落导致人员伤亡。

⑥在线路上的客车、公铁两用车等遭受雷击，导致机车车辆损坏，人员伤亡。

⑦户外施工作业人员遭受雷击，危及作业人员的人身安全。

（2）洪涝、暴雨可能造成的危害。

①洪涝漫过地面，造成人员伤害、设备损坏，有轨电车局部或全线停止运营。

②洪涝漫过钢轨面导致死机无法确认线路情况，积水过深导致列车车底设备水淹受损，影响正线运营。

③车站及轨行区积水，影响乘客人身安全；导致大量乘客长时间滞留车站避雨，影响列车运行及客运服务。

④区间桥桥墩倾斜或倒塌，线路旁的建筑物、树木或其他物品倒塌，侵入轨行区限界危及行车安全。

⑤排水不畅造成水淹轨道，影响列车正常通行；车站结构性破坏，被破坏构件侵入轨行区限界危及行车安全。

⑥电气设备受潮，影响设备使用。

⑦密封橡胶件老化导致设备箱进水短路。

⑧地面信号设备如道岔控制器、转辙机等，内部电子元件遭水淹破坏，影响正线正常行车。

（3）高温的危害。

①高温导致钢轨出现胀轨跑道现象。

②列车长时间处于高温环境下，导致车顶氢燃料电池故障，列车损失或丧失牵引动力而造成救援。

③高温导致电力等设备散热不畅，容易引发电器火灾。

④高温天气易导致人员中暑，危及乘客或工作人员的人身安全。

（4）大雾、灰霾可能造成的危害。

①大雾导致钢轨湿滑，影响轮轨关系，导致列车空转滑行，影响行车安全。

②大雾或雾霾导致能见度下降，影响司机瞭望及视频监控。

③户外施工作业人员受雾霾影响，电气设备容易受大雾受潮，影响设备使用。

（5）地震发生后除建筑损伤外可能造成的危害。

①有轨电车发生脱轨、倾覆。

②道床、桥梁结构受损，影响列车安全运行。

③车站钢结构扭曲，本体及支架受损、脱落。

④电缆、水管道受损，供电、供水中断。

⑤车站、停车场范围内乘客或工作人员因高空掉落物品造成伤亡。

2. 应急处置基本原则

（1）应急各人员应遵循"高度集中、统一指挥、逐级负责"的原则。

（2）应急、救灾过程中应先全面后局部，先救人后救物；先抢救供电、信号等关键设备，后一般设施，抢险负责人应及时恢复运营。

（3）根据实际需要，运营单位下属各室应积极听从、响应控制中心调动，合理安排人力、物力投入抢险救援，在确保安全的前提下，尽快开通线路，恢复运营。

（4）发生灾害时，控制中心应及时、准确地报告事故情况，实时更新、通报信息，确保信息渠道畅通。

8.3.4　客伤事件的处理

1. 客伤事件汇报要求

发生事故（事件）时，应报告如下内容：

（1）发生时间（月、日、时、分）。

（2）发生地点（车站名；事发具体位置；上、下行线；设备编号；区间公里标、百米标或车厂等）。

（3）事故（事件）概况及原因：事故（事件）伤亡人数、姓名、性别、年龄、受伤原因、受伤情况、所采取的抢救措施、证据收集情况、陪同人员的姓名、所属单位、职位等。

（4）报告人姓名、所在单位、职位。

（5）其他需要说明内容。

2. 现场处理基本原则

（1）优先抢救伤者原则。现场处理应当本着以人为本的原则，优先抢救伤者，及时联系120或征得当事人同意后联系120将伤者送医院救治。

（2）避免二次伤害原则。现场处理应当确保伤者、工作人员等相关人员的人身安全，避免发生二次伤害。

（3）尽快恢复运营原则。现场处理应当尽快出清线路或受影响区域、尽快检查相关设备、尽快恢复行车、尽快恢复运营。

（4）尽力获取证据原则。巡查员、司机、核算员、票务管理人员及相关人员负责尽量地收集和保存事故的证据，挽留证人、并通过录音、拍照、摄像、书面记录等保存证据。

（5）岗位互补原则。在非运营时间发生客伤，无巡查员、核算员在岗时，当事司机负责客伤现场处置工作，调度安排候班司机前往现场支援。

8.3.5　涉氢安全应急组织

1. 涉氢应急管理

由于氢气高具有可燃性及易爆性，氢气火灾非专业消防人员难以处置，尤其高压氢气泄漏火灾，更难以扑灭。因此，处置原则以及时报警、及时疏散人员、最大程度降低人员伤亡为第一。如无法关闭气源，尽量维持氢气稳定燃烧，否则发生氢气爆炸后果更为严重。

（1）运用库内氢气泄漏、火灾处置原则。

运用库内，通过库内可燃气体探测系统报警，或列车储氢系统氢气浓度、压力值和温度值来判断是否发生氢气泄漏或火灾。发生氢气泄漏、火灾时，现场第一发现人应第一时间呼喊附近人员撤离至安全区域，并报OCC。如是氢气泄漏，根据氢气泄漏的可控程度，OCC组织库内或停车场内所有人员往外疏散，同时要求司机不得驶向运用库或停车场的线路；如有明火，OCC应报119并组织停车场内所有人员疏散至紧急集合点，同时要求司机不得驶向停车场的线路。

（2）运用库外氢气泄漏、火灾处置原则。

运用库外，通过列车储氢系统氢气浓度、压力值和温度值来判断是否发生氢气泄漏或火灾，如司机或其他人员发现列车有氢气泄漏情况或车顶明火，应立即停车，并报OCC（如有明火需同时报 119），根据氢气泄漏、火灾的可控程度，组织乘客疏散至距离列车不少于 20 m 或 100 m 以外的开阔区域，待抢修人员或消防人员进行处置。

2. 安全禁令和规定

（1）氢能源安全管理禁令。

为做好氢能源有轨电车的安全保障工作，以下禁令，有关工作人员须严格遵守并执行：

① 严禁在加氢站、加氢线、运用库等涉氢严控区域内吸烟或携带火种进入。

② 严禁携带易燃易爆、强氧化性、有毒及易腐蚀物品进入涉氢区域。

③ 严禁在涉氢区域内使用非防爆无线通信设备及照明设备等。

④ 严禁在非指定区域排放氢气，定期检测特定区域内氢气浓度，使它符合国家标准。

⑤ 严禁未接触静电释放器进入设备区及未着防静电服进行加氢作业。

⑥ 严禁未经过安全教育和岗位技术考核合格者独立操作带氢设备设施。

⑦ 严禁未经审批在运用库内进行动火作业。

⑧ 严禁未经允许将其他工具、设备带入运用库内使用，原则上运用库内设备应使用满足相关安全要求的防爆工器具。

⑨ 严禁损坏停车场内各类的防爆设施。

⑩ 严禁堵塞消防通道及随意挪用或损坏消防设施。

（2）静电危害防止规定。

① 作业人员在进入防爆 1 区时，应穿符合规定防静电工作服和符合规定的防静电手套。工作服宜上、下身分开，容易脱卸，严禁在爆炸危险区域穿脱化纤衣服、帽子或类似物。

② 防爆区内不准使用化纤材料制作的拖布或抹布擦洗物品及地面。

③ 工作时应有条不紊，避免跑动等急性动作，减少衣物摩擦。

④ 防爆区内不得携带与工作无关的金属物品。

⑤ 进入防爆区前作业人员应用手接触静电释放装置 3~5 s，以消除人体所带的静电。

⑥ 在防爆区严禁携带或使用非防爆无线通信设备。

⑦ 防爆区内任何设备在启动或连接前应做接地连接。

⑧ 周期性检测各类接地装置接地电阻是否符合标准。

⑨ 车辆在进行加氢操作前先挂上接地线，并确认接触良好。

⑩ 打开气体阀门时缓慢操作，控制气体流速，避免产生静电。

8.4 小结

氢能源在有轨电车领域的运用，代表轨道交通动力供给方式的新跨越，多样的动力能源在城市交通发展中担当不同的角色，为城市的快速发展提供动力。与其他常规动力源相比，氢能源有不稳定、易泄露、易爆等特性，所以氢能的各个运用环节需要从业者有着非常高的安全意识。在日常的安全管理中要重点关注从业人员的培训、检查等，将氢能安全知识贯彻到每一名员工，杜绝人为安全事故。运营单位内负责安全技术管理的机构作为氢能源有轨电车项目的重要管理机构，除制定有针对性的安全管理规定以外，也要结合氢能源有轨电车的特点在技术管理方面予以指导，比如氢能有轨电车日常检修和施工的协调、甲类库房的技术要求等。总而言之，氢能的安全技术管理涉及常规轨道交通的运作方式，同时也存在区别于常规轨道交通的部分，如何根据氢能有轨电车自身的特点制定合适的安全技术规范，除参照国内外同行业的做法以外也要不断强化自身，在日常工作中不断总结、提炼，形成一套行之有效的工作模式。

氢能源有轨电车运营管理规范

参照轨道交通行业运营管理的国家标准，应对氢能源有轨电车制定其运营管理规范，明确氢能源有轨电车运营管理的总体要求，以及行车组织、客运服务、车辆基地管理、车辆管理、设备设施管理、土建设施管理、交通安全设施管理、人员管理、加氢站管理和安全管理等方面的基本要求。

9.1 相关定义

1. 运营单位

运营单位是经营氢能源有轨电车运营业务的企业。

2. 运营管理

运营管理是指运营单位实施的行车组织、客运组织与服务、车站及车辆段管理、设备设施运营与维护、土建设施运行与维护、安全管理等工作。

3. 行车组织

行车组织是利用氢能源有轨电车设备设施，根据列车运行计划组织列车运行的活动。

4. 客运组织

客运组织是合理布置和利用氢能源有轨电车设备设施，采取分流、引导等措施组织乘客安全、有序乘降等所进行的服务活动。

5. 非正常情况

非正常情况是因自然灾害、设备故障以及人为因素等原因，造成列车不能按列车运行图或行车计划正常运营，但又不危及乘客生命安全和严重损坏车辆等设备，整个系统能够维持降低标准运行的状态。

6. 应急情况

应急情况是因发生自然灾害、公共卫生、社会安全以及运营突发事件等影响，已导致或可能导致事故发生或设备设施严重损坏，不能维持氢能源有轨电车系统全部或局部运行的状态。

7. 应急指挥中心

应急指挥中心是具有通信、指挥等功能，负责指挥氢能源有轨电车运营突发事件处置的应急救援场所。

8. 运营时间

运营时间是为乘客提供氢能源有轨电车运营服务的时间，即线路单一运行方向的始发站从首班车发车到末班车发车之间的时间。

9. 客运服务人员

客运服务人员是在车站内或列车上负责票务服务、安全巡视、秩序维护和乘客疏导等工作的人员。

10. 电车驾驶员

电车驾驶员是取得机动车驾驶证（P照）并具备氢能源有轨电车驾驶作业资格，从事氢能源有轨电车驾驶工作的人员。

11. 调度人员

调度人员是具备氢能源有轨电车调度作业资格，从事调度岗位工作的人员，主要包括行车、电力、设备、车场、信息和检修等调度人员。

12. 独立路权线路

独立路权线路是采用全封闭专用车道的氢能源有轨电车线路。

13. 半独立路权线路

半独立路权线路是采用半封闭专用车道的氢能源有轨电车线路。在道路交叉路口，采用优先通行信号或正常通行信号方式通过。

14. 混合路权线路

混合路权线路是采用混合车道的氢能源有轨电车线路。在特定路段上，氢能源有轨电车与社会车辆或者行人共享路权。

15. 氢能源有轨电车

氢能源有轨电车是采用氢能源动力制式的现代有轨电车。

16. 氢能源有轨电车非专用车道

氢能源有轨电车非专用车道是敷设有固定轨道，供氢能源有轨电车通行，其他车辆、行人也可通行的车道。

17. 氢能源有轨电车专用车道

氢能源有轨电车专用车道是敷设有固定轨道，使用路缘石、隔离栏或者标志线等将氢能源有轨电车与其他车辆、行人隔离，只准许现代有轨电车通行的车道。

18. 交叉路口

交叉路口是平面交叉路口，即两条或者两条以上道路在同一平面相交的部位。

19. 巡查员

巡查员在运营过程中，负责有轨电车及车站的巡查工作，发现设备设施问题报修及处理；

监督车票支付情况，防止收益流失；提供优质服务；车站客运组织、客伤等突发事件及时响应的工作岗位。

20. 涉氢

涉氢指设备、场所、企业、人员等涉及氢气的生产、运输、存放、使用等情况。

9.2　总体要求

（1）运营单位应按有关规定取得相应的经营许可。

（2）氢能源有轨电车车辆和运营设备、土建设施、配套加氢站点，必须经验收合格后方可提交运营单位投入使用。

（3）运营单位应满足消防安全管理相关要求。

（4）运营单位应保障氢能源现代有轨电车安全、有序、高效运营，为乘客提供安全、准点、便捷、舒适的服务。

（5）运营单位应明确列车运行、调度指挥、运营组织框架等管理模式，并明确在各种情况下的管理方式、各系统之间及系统与人员组织之间的相互关系。

（6）运营单位应建立健全组织机构，设置行车、客运、运营组织，设备设施维护和安全监督管理等运营保障部门，制定切实有效的运营管理组织程序。

（7）运营单位应配置具有相应岗位资格能力的生产、技术、管理等工作人员，并建立和完善岗位责任制。

（8）运营单位应建立健全安全监督管理、行车组织、客运组织及服务、设备设施运营维护、线路维护、车辆段管理等规章制度和工作手册。运营单位宜每2～3年对各类操作规程、制度进行一次全面复查修订。

（9）运营单位应积极推行节能新技术，制定节约能源管理办法，合理承担并完成技能指标，确保节能计划的落实。

（10）运营单位应注重环境和生态保护，贯彻执行国家环境保护政策、法规的规定，保证运营期间对周边的环境影响均能符合国家有关环境标准要求。

（11）运营单位每年在统计期内对以下主要运营指标进行统计：

① 年客运量，单位为每百万人次每年；

② 日客运量，单位为万人次每日；

③ 年运营里程，单位为列公里每年；

④ 日运营里程，单位为列公里每日；

⑤ 年开行列次，单位为万列次每年；

⑥ 日开行列次，单位为列次每日；

⑦ 年运营收入，单位为百万元每年；

⑧ 年票务收入，单位为百万元每年；

⑨ 年运营总成本，单位为百万元每年；

⑩ 年耗电量，单位为万千瓦时每年；

⑪ 年耗氢量，单位为万千克每年。

（12）运营单位应积极与其他交通方式协调配合，共同促进城市综合交通体系安全、高效运转，提高乘客出行的便捷性和舒适度，促进城市可持续发展。

9.3 行车组织

9.3.1 一般要求

（1）行车组织应遵循集中管理、统一指挥、逐级负责的原则。

（2）行车时间以北京时间为标准，从零时起计算，实行24小时制，行车日期划分以零时为界，零时以前办妥的行车手续，零时以后仍视为有效。

（3）运营单位应以确保乘客及行车的安全为原则，制定行车组织规则，并制定正常情况、非正常情况和应急情况下的行车组织方案。

（4）运营单位应根据行车线路的封闭方式、范围、线路条件及设备条件等制定相应的细则。运营单位应遵照行车组织规则及其细则做好行车组织工作。

（5）列车正常情况下应按双线右侧单方向运行。

（6）氢能源有轨电车宜采用驾驶员人工驾驶方式，独立路权线路可采用自动驾驶方式。

（7）涉及混合路权线路，运营单位应与交通主管部门共同制定相关行车规定，并发布实施。

（8）运营单位根据车辆运行速度要求、线路限速条件来制定相应的列车运行速度标准，列车运行速度不得超过允许的最高运行速度。

（9）运营单位应根据氢能源有轨电车续航里程，合理配备列车上线及加氢计划。

（10）运营单位应根据续航里程及加氢时间适当增加配车数量。

（11）运营单位须储备足够的技术状态良好的备用车用于替换加氢任务。

9.3.2 调度指挥模式

（1）运营单位应设置运营控制中心，对全线列车运行和设备运行情况进行监视、控制、协调和指挥；运营控制中心代表运营单位与外界协调联络氢能源有轨电车运营单位应急支援工作，是氢能源有轨电车运营信息收发中心。

（2）运营单位应合理设置运营控制中心调度岗位，明确岗位工作职责和专业技术要求。

（3）运营单位应根据线路设计运能、客流需求和设备技术条件，编制列车运行图或行车计划，并及时优化调整。

9.3.3 交叉路口行车组织

（1）运营单位应根据交通法规、线路及设备条件，制定相应的交叉路口行车组织办法，并纳入行车组织规则。

（2）列车通过交叉路口，应当根据交通信号灯、交通标志、交通标线、交通警察的指挥或氢能源有轨电车专用路口信号通过。

（3）列车通过交叉路口的速度不应大于30 km/h。

（4）运营单位应针对交叉路口的列车运行，制定列车防御性驾驶安全措施。

9.3.4　非正常行车组织

（1）运营单位应制定信号设备故障、手扳道岔、反方向行车、列车退行等非正常行车组织办法。

（2）人员或异物侵入运行线路时，应遵守以下要求：

①电车驾驶员在运行中发现人员或异物可能（或已）侵入运行线路限界时，应及时采取减速或停车措施，确保安全；

②侵限物品弃置不能影响邻线或市政道路交通安全；

③运营单位工作人员（包括邻线运行的电车驾驶员）发现人员或异物可能（或已）侵入限界，影响行车时，应立即向控制中心汇报。

（3）发生火灾时，调度人员应按照应急预案进行如下操作：

①行车调度人员应及时组织疏散乘客，调整列车运行；

②电力调度人员应切断设备电源，保证排烟系统的电源供应，监控供电设备和电缆状态，防止乘客触电；

③信息调度人员应做好相应的信息发布、广播及人员指引等工作并立即通知加氢站，启动应急响应程序，防止事态进一步扩大；

④维修调度人员应组织相关抢修工作。

（4）列车在区间发生火灾时，电车驾驶员应尽量避免将列车停留在桥梁、隧道区间等地段（地面线路不得驶入车站），应及时组织乘客就近疏散并向行车调度汇报。行车调度人员及时做好后续列车、邻线列车的扣停。

（5）列车因故障被迫停车时，处理原则应以现场处理为主，现场无法处理时应及时组织救援。

9.3.5　车辆基地行车组织

（1）车辆基地行车由车场调度人员统一指挥，并负责车辆基地日常运营和设备维修组织等工作。段场内其他人员应服从车场调度人员的指挥，按各自职责开展工作。

（2）车场调度人员应按照车辆基地运作管理制度和调车作业流程开展段场内相关工作。

（3）运用车应状态良好，符合列车上线标准。

（4）段场内作业应优先接发列车及列车加氢作业。

9.3.6　加氢组织

（1）运营单位应与加氢站管理单位建立畅通、完善、常态的工作沟通机制。

（2）运营单位应根据线路情况及加氢站位置，合理地组织运营期间的列车加氢作业。

（3）提供对外服务的加氢站，应优先组织对有轨电车加氢。

9.3.7　列车驾驶

（1）电车驾驶员应具备有效驾驶证，方可上岗操作，运营单位应定期组织技能鉴定。

（2）电车驾驶员应按照运行图和既定交路值乘，或按调车调试等作业计划开展作业。

（3）电车驾驶员行车时，在正线服从行车调度人员的统一指挥，在车辆基地服从车场调度人员的统一指挥，在加氢站服从加氢站工作人员的统一指挥。

（4）电车驾驶员应自觉遵守和严格执行各项规章制度，发现安全隐患，及时汇报、妥善处理。

（5）电车驾驶员负责确认行车凭证，不间断确认进路情况，确保安全。

（6）发生突发事件或设备故障时，立即报告，并按相应的应急预案及指南的指引，冷静、及时、果断地进行处理，尽快恢复运营。

（7）电车驾驶员出乘前 8 h 严禁饮酒或服用影响精神状态的药物，并充分休息。

（8）列车出库前，电车驾驶员须对列车进行认真检查、试验，确认列车具备行车条件后方可动车。

（9）列车运行中严格按照规定的速度运行，严禁盲目赶点、超速运行。

（10）运营单位应合理制定乘务组织计划，保证电车驾驶员两次值乘之间有充分的休息时间，避免疲劳驾驶；在电车驾驶员换乘站，应设置电车驾驶员休息、就餐、卫生等场所。

9.4 客运组织及服务

9.4.1 一般要求

（1）运营单位应制定服务质量管理、票务管理等客运服务制度，根据行车计划、车站设备设施和人员情况编制客运组织方案。

（2）运营单位应建立公共卫生管理制度，保持车站、车厢卫生整洁，车厢应定期消毒。

（3）运营单位应确保现代有轨电车线路的全天运营时间不少于 12 h。

（4）运营单位应提供统一的电话问询服务。

9.4.2 客运组织管理

（1）运营单位根据车站客流情况，做好客流组织工作，加强巡查管理，并满足以下要求：
① 运营单位应优化车站客流组织，保证乘客进出站顺畅，避免进出站客流交叉。
② 巡查员应做好车站管理区域的定期巡视工作。
③ 运营单位在突发大客流时应增派人员维持乘车秩序。
④ 当发生突发客流影响行车安全或乘客人身安全时，运营单位应及时采取控制措施，保障乘客安全和运营秩序。
⑤ 发生紧急情况时，运营单位应采取措施控制事态扩大。

（2）运营单位应采取多种宣传方式，向乘客宣传和发布各类客运信息，并满足以下条件：
① 广播用语应以普通话为基本服务语言，可提供英语、方言服务，表达规范、清晰、准确。电车驾驶员使用客室广播时，应使用普通话，保持语调沉稳、圆润，语速适中，音量适宜，避免声音刺耳或使乘客惊慌。
② 车站应广播文明候车、安全乘车等信息；列车进站时，车站应广播列车开行方向、安全乘车等信息；换乘站应广播换乘信息。

③列车到站，列车应广播到达站站名；列车启动后，列车应广播前方到站站名，前方到站为换乘站时，应广播换乘站信息。

④列车开关门时，应通过声音和警示灯，提醒乘客注意安全。

⑤运营单位对需要清客、不停车通过车站等情况，应及时告知车内乘客。

⑥发生突发事件时，运营单位应通过广播系统、乘客服务系统和专人引导等方式，引导乘客快速疏散，并做好乘客解释工作。

⑦运营单位需开展试运营的宣传工作，通过各种形式引导文明乘车、安全乘车。

（3）运营单位对车站（列车）内无人认领的物品，应立即转移至远离乘客的区域，并进行安全检查，如发现易燃易爆化学危险品等，应及时进行处理，必要时向有关部门报告。

9.4.3　客运组织服务

（1）客运组织服务范围应包括：

①车站、列车设有专人服务时，维护车站、车厢秩序，组织乘客有序乘降。

②提供售检票服务。

③处理乘客投诉、乘客纠纷，回答乘客咨询。

④应急情况时引导乘客疏散至站台或其他安全区域。

（2）运营单位应加强服务管理，改进和提高客运服务质量，并采取以下措施：

①加强员工业务培训，增强爱岗敬业和优质服务意识。

②熟练掌握客室内相关设备设施，以提供更加精细的服务。

③建立与乘客沟通渠道，加强与乘客沟通。

④建立投诉监督机制，接收社会监督。

（3）运营单位应制定明确的客运组织服务标准，为乘客提供符合规范的服务设施、候车环境和乘车环境。

（4）运营单位应加强服务质量考核与管理，完善考核管理制度，定期开展考核工作；定期开展或委托第三方进行乘客满意度调查，并对发现的问题及时整改。

（5）运营单位应在站台、列车上公布监督投诉电话。

（6）运营单位应设置受理和处理乘客投诉的专职机构和专职人员。

（7）运营单位接待乘客投诉后，应在24 h内处理、7个工作日内将处理结果告知乘客。

（8）氢能源有轨电车客运服务，年度统计数据须满足以下指标要求：

①列车正点率，独立路权线路不应小于98%，半独立路权线路不应小于95%，混合路权线路不应小于92%。

②列车运行图兑现率，独立路权线路不应小于98%，半独立路权线路不应小于95%，混合路权线路不应小于92%。

③有效乘客投诉回复率应为100%。

9.5　车辆基地管理

（1）车辆基地的设置应满足行车、维修和应急抢修的需要。

（2）车辆段的设施设备配置，应满足以下要求：

①配备应急所需的救援设备和器材，救援所有装备、器材随时处于能正常使用状态。

②备品备件、特殊工具和仪器仪表种类齐全。

③车辆基地应具有清扫、洗涤的专用场所，并根据洗车作业需要，合理配置相应设施。

（3）车辆检测设备的使用管理，满足以下要求：

①由专人负责管理，建立设备台账、操作手册，对各类设备分别制定管理规定，建立各级检修保养规程和工艺流程。

②保持设备的良好状态，由专业人员保养维修。

③特种设备应由具备资质的专业单位负责保养维修，并按规定进行安全检测。

④检修设备上的计量器具，应根据规定的周期进行计量鉴定。

（4）运用库为氢能源有轨电车作业厂房，因车辆车载储氢罐带氢，宜设为甲类库房。

（5）镟轮作业时产生火花，镟轮库镟轮车辆宜为无氢状态，镟轮库须与运用库分离，单独设置。

（6）运用库入口处应设置除静电装置，库内各股道设防静电接地装置。

（7）车辆基地作为氢能源有轨电车停车场，场内禁止吸烟，除食堂及熔焊车间外，其余场所不允许有明火或其他可能激发明火的能源存在。

（8）车辆进入运用库前，应检查车载氢系统及安全报警装置，确保其工作正常且无泄漏无故障发生。存在氢气泄漏的车辆不允许进入运用库。

（9）长期停放的车辆应将车载氢系统存储压力释放至最低值（微正压值），并由专业人员定期对车辆进行检查维护。

（10）运营单位应保证车辆段内试车线处于正常状态。

9.6 车辆管理

（1）运营单位应根据线路运营需要，制定运用车、维修车和备用车计划。

（2）运营单位应制定列车上线前的基本技术要求，以保证乘客服务设施齐全，安全设施符合列车运行要求；车辆应定期维护，保持技术状态良好、设备齐全。

（3）列车内安全标识、引导标识、无障碍设施、广播设备和灭火器等应设置齐全。

（4）运营单位应根据车辆检修规程、场地、人员等条件编制车辆维修操作文件。

（5）运营单位应制定列车卫生保洁制度，规定列车车体和客室的保洁周期，定期对列车进行保洁。

（6）车辆应具备以下应急设备：司机室至少设置 1 套灭火器，每列客室应至少设置 2 套灭火器，并按要求配备安全锤；非独立路权线路的车辆应配备警示三角牌等。

（7）运营单位应制定列车氢系统气体置换条件，保障作业环境符合安全要求。

（8）运营单位应规范列车氢系统维护管理，定期对燃料电池系统、储氢系统、冷却系统、能量控制系统、动力电池系统等进行维护。

9.7 设备设施管理

9.7.1 一般要求

（1）设备设施管理规范包括供电系统、通信系统、信号系统、通风空调、消防系统、给排水系统、环境与设备监控系统、售检票系统、电梯、自动扶梯以及安全门等。

（2）运营单位应保障设备设施技术状态良好，功能使用正常，无侵界现象。

（3）由乘客使用或操作的设备装置，必须设置标识或使用说明，便于操作，避免误操作导致危及人身及行车安全。

（4）任何单位和个人不得随意对系统设置进行修改，不得干预系统设备正常运行；不得随意在系统中使用与系统运作无关的存储介质及软件，防止病毒对系统的干扰，保证各系统软件运作安全。

（5）运营单位应对氢能源有轨电车沿线控制保护区域内的设施设备进行日常巡查、测试和维修，保障设备设施技术状态良好和运行正常。

（6）线路成网运营后，运营单位可建立集中式的综合运营维修基地，也可将线网分成不同区域，实行区域化维修管理。

（7）运营单位应切实保证维修工作的实施，提高设备的安全性、可靠性和可用性，降低故障率。

（8）运营单位宜建立设备数据库，主要是记录、跟踪、存档、计算、分析及策划。

（9）运营单位应明确维修施工组织模式，根据施工作业影响范围和时间，划分施工计划的类别，明确施工维修作业的手续和凭证，对施工计划的执行情况统计分析。

（10）影响行车的维修施工，应经控制中心行车调度人员确认后方可进行。

（11）运营单位应保持设备设施的各操作手册、维修保养手册、图纸等资料完整。

（12）凡涉及氢气或氢气可能出现场所的设备宜使用防爆型设备。

（13）运营单位应制定设备维修计划和维修模式，应确定设备检修项目的实施周期和修程。

（14）运营单位应建立包括系统维修与保养手册、设备台账、日常维修记录、设备故障记录和统计分析等基础资料档案管理制度。

（15）设备设施运营指标的年度统计数据满足以下要求：

① 列车退出正线运营故障率：不应高于 0.8 次/万列公里。

② 车辆系统故障率：因车辆故障造成 5 min 以上晚点事件次数不应高于 8 次/万列公里。

③ 信号系统故障率：不应高于 1 次/万列公里。（注：信号系统故障，为列车定位故障或道岔失去标识。）

④ 供电系统故障率：不应高于 0.4 次/万列公里。（注：供电系统故障，人为造成中断行车 10 min 以上、部分区段失电或单边供电等供电故障。）

⑤ 自动扶梯可靠度：不应小于 98.5%。

⑥ 电梯可靠度：不应小于 99%。

⑦ 列车旅行速度：独立路权线路不应低于 25 km/h，半独立路权线路不应低于 20 km/h，混合路权线路不应低于 15 km/h。

9.7.2 供电系统

（1）采用分散式供电时，开闭所通过单母线供电，就近城市电网变电所接入一路电源。当一座开闭所电源停电时，应由另一座开闭所支援供电。

（2）运营单位不得擅自增加用电负荷或向外单位转供电。

（3）运营单位应对电能质量进行监测，对电能进行计量、统计和分析，并采取相应的节能措施。

（4）低压 AC 380/220 V 插座的电源应与照明电源分路供电，不得超负荷运行。

（5）运营单位应确保电力监控系统功能完善，具备对设备遥控、遥信和遥测的功能。供电系统的继电保护自动装置应完好，设备故障时保证实现/退保护功能。

（6）运营单位应及时封堵电缆孔洞，安装防鼠板，悬挂电缆走向标识牌。配备的接地、安全标识应齐全、清晰。必要的安全工具应放置到位。

9.7.3 通信系统

（1）通信系统包括传输、有线电话、无线通信、广播、时钟、视频监控、乘客信息、电源等子系统。运营单位应确保通信系统正常使用，满足调度指挥、信息传送和安全保障的功能要求。

（2）通信系统应按一级负荷供电；通信电源应具有集中监控管理功能，并应保证通信设备不间断、无瞬变地供电；通信电源的后备供电时间应满足 2 h。

（3）通信系统应确保 24 h 不间断运行。

（4）录音设备应能实现对调度电话、无线调度电话、调度用公务电话进行不间断录音。

（5）传输系统应具备所需的各种业务接入功能，为通信其他子系统和信号等系统提供可靠的信息传输及交换通道。

（6）时钟系统应实现母钟、子钟各项功能和网络管理功能，为控制中心、与行车相关的各部门工作人员及乘客提供统一的标准时间信息的设备，同时可为其他系统的中心设备提供统一的时间信号，使各系统的设备与本系统同步。

（7）运营控制中心的视频监控系统应实现对全线 CCTV 系统实时的图像监视、控制和回放功能。系统应进行不间断录像，录像资料应至少保存 15 天。

（8）全线设有乘客信息系统，应包括控制中心子系统、车站子系统、车辆段子系统。系统应能显示列车到站、列车到站预测等相关行车信息，确保信息发布安全可靠，并应优先提供运营和紧急信息的发布。

（9）广播系统宜包括控制中心子系统、车站子系统、车辆段子系统。控制中心宜设有对车站广播区域进行广播的功能。

9.7.4 信号系统

（1）运营控制系统应符合《城市轨道交通运营管理规范》（GB/T 30012—2013）。

（2）现代有轨电车信号系统应配置调度管理、正线道岔控制、车辆段信号控制、路口信号控制、车载信号等子系统。

（3）涉及行车安全的系统、设备及电路应符合故障-导向-安全原则。信号系统运行管理模式与要求，应与所选择的信号系统制式、功能及系统化构成相符合。

（4）信号系统应具有行车自动进路、道岔控制、信号机控制、时刻表编辑、路口优先等功能，同时进路排列可由调度人员人工或授权司机车载、轨旁控制。正常运行时，线路按双线单方向右侧行车，特殊情况下应能组织反向运行。信号机应设置在运行方向右侧。因地理位置条件不足，在不导致混淆的前提下，经运营单位批准也可设置在运行方向左侧。

（5）控制中心应设有信号系统工作站，具有监督和控制列车运行功能。对运营控制系统降级功能，每年至少进行一次测试。

（6）运营单位应根据信号系统运用特点，制定信号设备维修保养计划。信号系统整体更新前，运营单位应组织设计单位、设备供应商等对更新工程的可行性进行充分论证。信号系统整体更新应在非运营时段进行，运营单位应实施全过程监控管理，确保既有信号系统在过渡期间正常运行，并对设备的安装工艺和标准进行卡控。

9.7.5 通风空调

（1）氢能源有轨电车地面线路一般采用自然通风。

（2）高架或地下线路、控制中心、车辆段等设备用房和办公用房应设置通风、空调与采暖系统，并应符合《工业建筑供暖通风与空气调节设计规范》（GB 50019—2015）的规定。

（3）封闭空间的内部空气环境，应采用通风、空调与采暖方式进行控制。通风、空调与采暖方式的设置和设备配置，符合节能要求，充分利用自然冷、热源，并应符合有关规定。

（4）运营单位应制定正常、非正常和应急情况下的各类通风模式，与环境与设备监控系统统一协作，及时启动相应的模式。

（5）对可能存在氢气的生产场所，应保障自然通风模式下换气量，同时设置机械通风，消除氢气囤积的可能性。

（6）运营单位应制定设备维修计划和维修模式，应确定设备检修项目的实施周期和修程。

9.7.6 消防系统

（1）运营单位应确保消防安全疏散通道等设施完好、可用，落实消防安全措施。

（2）运营单位车站应张贴相应的安全疏散标识。

（3）工程作业中需使用燃气设备和明火时，应按程序申报并采取必要的消防监护措施。

（4）消防系统应采用两路供水，确保当其中一路供水系统发生故障时，另一路供水系统能满足全部消防用水量。运营单位应定期对消防给水的两路供水系统进行检查。

（5）对运用库、洗车棚，加氢线等可能存在氢气的生产场所，应合理设置氢气探测器，相关报警信息应上传到消防报警主机并与设备联动相关联。

（6）消防设施不能擅自停运或挪作他用。每次使用后，运营单位应及时对消防系统和加压泵进行全面检修，保证其处于正常运行状态。

9.7.7 给排水系统

（1）运营单位应确保沿线给排水系统及消防水设施完好，并设置明显标识。

（2）排水设施的配置应满足污水、废水和雨水分流排放的要求。

（3）运营单位应在轨道低洼排水处设置排雨水泵站，雨水超过设施排水能力时应采取防洪措施。

9.7.8　环境与设备监控系统

（1）环境与设备监控系统应具备对通风空调、供电、给排水、照明、电梯、和应急设备电源系统设备的监控功能。

（2）环境与设备监控系统应具备能耗统计分析功能。

（3）环境与设备监控系统应实现中心级联动功能，并保持 24 h 不间断运行。

9.7.9　售检票系统

（1）售检票系统应适应网络化运营需要，应与公共交通票务系统实现互联互通。

（2）售检票系统应建立统一的车票制式标准，车票制式宜与本市公共交通系统一致，充分实现资源共享。售检票系统采用独立运营、半封闭式管理；票务制式应适应票价政策，可采用全程一票制或计程票价制。

（3）售检票系统可采用上车售检票方式，采用投币和车载读卡器（POS）检票及便携式验检票机进行检票；也可采用车下售检票方式。

（4）单程乘客可采用现金投币或购买车票，城市公交卡可作为储值票使用。

（5）自动售票机宜设置在较宽敞的空间，每站台售票点运行的售票机应不少于 2 台，车上同时设置投币或售票机的可少于 2 台，但不得低于 1 台。

9.7.10　电梯、自动扶梯

（1）电梯应符合《电梯制造与安装安全规范》（GB 7588—2003）和《地铁设计规范》（GB 50157—2013）的性能和使用要求，自动扶梯应符合《自动扶梯和自动人行道的制造与安装安全规范》（GB 16899—2011）中公共交通型重载扶梯的性能要求。

（2）电梯、自动扶梯及轮椅升降机，应按特种设备相关规范进行定期检查，并张贴安全检验合格证。

（3）自动扶梯应有明确的运行方向指示，并在两端配备紧急停止开关。自动扶梯出入口应有开阔的空间，入口处应有明确的安全警示并张贴使用须知。

（4）电梯、自动扶梯不应载货，但旅客随身行李包除外；单车、电动车不应搭上客运电梯和自动扶梯。

（5）运营单位应制定电梯、自动扶梯的设备检修计划和维修模式，确定设备检修实施周期，制定相应修程。可采用日常巡检、月度检修、季度检修、半年检修、年度检修，并根据实际情况进行大修或改造。

（6）电梯、自动扶梯维修工作应由具有专业资质的维修队伍实施。维修完成后，应进行试运转，试运转应由维修人负责执行。

（7）运营单位应建立电梯、自动扶梯的基础资料档案管理制度，包括设备台账、设备及其零部件和安全保护装置的产品技术文件，产品合格证，出场检验报告，安装、改造、移装、重大维修的资料，维修与保养手册，日常检修记录，操作手册，设备故障记录和统计分析等。

9.7.11 安全门系统

（1）安全门应有足够的结构强度和运行可靠性，接地绝缘应与电位连接，后备电源应符合规范要求，运营单位应确保安全门系统工作正常。

（2）安全门应充分考虑有轨电车车站的位置环境，确保安全门具有一定的防水性能，运营单位应对特殊天气或突发情况制定相应的设备运行管理措施。

（3）安全门应设有明显的安全标志。

（4）运营单位应合理确定安全门与车门的开关顺序。

（5）运营单位应对安全门进行日常检查。

（6）运营单位应制定安全门的设备检修计划和维修模式，确定设备检修实施周期，制定相应修程。

9.8 土建设施管理

（1）土建设施管理范围应包括轨道、路基、隧道、桥梁、车站建筑、线路附属设备、车辆基地、运营控制中心及变电所房屋建筑等。

（2）运营单位应定期组织对土建设施进行巡查和监测工作。

（3）土建设施的维修与保养应满足以下要求：

① 运营单位应保持建筑物完好和正常使用，并采用日常保养、临时补修和综合维修相结合的维修模式。

② 运营单位应制定土建设施的专项设施维修计划和维修模式，并确定检修项目的实施周期，制定相应的修程。

③ 运营单位组建土建设施维修班组时，应根据土建设施布局特点，并合理配置维修班组和值班人员。

④ 土建设施在使用过程中发现异常情况并影响运营时，在确定需要大修前，应由专业单位进行鉴定和论证，并应经专项设计批准后再开展大修工程的施工。

⑤ 运营单位在涉氢区域检修作业时，应使用防爆工器具。

⑥ 线路主要利用既有或规划道路地面敷设。在路段处宜采用独立路权，在一般路口处，采用与道路平面交叉共享路权方式。在社会车辆较大或存在重大安全隐患的路口，可采用全立交（上跨或下穿）的独立路权方式。

（4）停车场运用库排风口应设置于顶面高处，且库顶平面应平整，便于氢气尽快排散。

（5）线路平纵断面设施应因地制宜，确保排水及景观的需要。局部平交路口或混行地段，轨面应与道路面齐平，以满足道路行车的平顺性。采用地面线的独立路权地段，轨面宜高出相邻道路面，高出值需兼顾景观及平交口处纵断面顺坡的需求。

（6）地面及高架线路两侧（含曲线内侧），不应有妨碍行车瞭望的建筑物、构筑物、树木和其他物体。

（7）运营单位应建立包括建筑竣工图纸及设计说明、工程检修竣工图纸、房屋建筑检修设计、施工技术和操作技能要求、维修保养手册、故障记录及日常维修记录等土建设施的基础资料档案管理制度。

（8）轨行区设有绿化植物的，应有相应的维护管理部门定期对绿化植物管理。

（9）绿化植物灌溉设备设施应纳入对口专业部门统一监管，建立相应的管理制度。

9.9 加氢站管理

9.9.1 通用要求

加氢站作为车用气瓶充装和危险化学品经营单位，在竣工验收后，须向地方行业主管部门申领取得相关营业资质方可投入运行。加氢站建立有安全生产责任制，明确安全运行管理机构，单位第一负责人作为加氢站安全责任人，负责组织制定实施本站点安全生产规章制度和操作规程，对本站点的安全事故负主要责任。

加氢站下设加氢站站长、技术负责人、安全负责人、车辆充装工、设备操作工、安全员、检查员等岗位人员。

9.9.2 人员管理

车辆加氢、氢气设备检修等作业存在较高危险性，要求加氢站各生产岗位人员具有更强的安全意识和熟悉的技术技能。

在从业人员入职或转岗后，加氢站必须对其进行安全生产知识教育培训及专业技术教育培训，使其熟悉设备工艺、操作流程、消防安全、应急处置等方面的知识及实际操作技能。加氢站定期检查考核从业人员，保留相关记录，考核不合格的工作人员不得上岗作业。

压力容器（车用气瓶、氢气储存罐等）充装或操作有相应的作业资质要求，相关管理人员和操作人员应按国家规定取得，并定期复审，严禁不具备充装证或操作证的人员对压力容器进行相关操作。

9.9.3 设备安全管理

加氢站压力容器（氢气瓶、氢气管道、氢气储存罐）等特种设备，对人身和财产安全有较大危险性，其安装、使用、维护保养都有严格的法律法规进行约束。加氢站内的泄漏检测、消防报警及消防器材等设备，出厂前应具有有效的质检资料，并需按照相关安全管理规定进行安装和使用。

氢气设备、管道、容器，在首次投入运行前、检修动火作业前或长期停用后再次启用，均应使用氮气进行吹扫置换，分析含氧量不超过 0.5% 后再进行作业。在检修前，应切断相应的电源、气源，并用盲板或其他有效措施隔断与尚在运行中的设备、管道和容器的连接，经氮气吹扫置换合格后再进行检修。检修完成后按照《加氢站技术规范》（GB 50516—2010）的有关规定进行压力试验、气密性试验、泄漏量试验。委托外单位进行氢气设备、管道、容器的检修或安装等施工作业的，应确认施工单位、人员等资质，符合资质条件的方可安排安全相关作业。

设备管理人员应根据加氢站设备维护保养规程制定维护保养计划，定期进行维护、保养和检查，并及时发现、消除安全隐患，确保设备的状态良好。对报废的设备，应及时登记相关信息。若为氢气存储设备，报废前应对报废设备进行氮气置换，确保报废设备中氢气的体积分数小于或等于0.4%后，再对设备进行相应处理。

9.9.4　氢气质量管理

氢能源有轨电车使用质子交换膜燃料电池，为尽量减少氢气杂质（如一氧化碳、硫化物等）对燃料电池催化剂的毒化作用和降低燃料电池寿命，加氢站对氢气有严格的质量管理要求。在氢气供应商准入前，加氢站核查该单位的氢气生产或销售许可资质，确保用于质子交换膜燃料电池车辆的氢气符合《质子交换膜燃料电池汽车用燃料　氢气》（GB/T 37244—2018）的质量要求。

9.9.5　生产作业管理

为保障人身安全，加氢站制定有相关的安全运行管理制度、规程、规范等，并严格要求作业人员遵照操作规程规范操作。

为规范运行信息的记录与使用，并使加氢设施运行故障事故具有可追溯性，加氢站对信息的记录、保存、使用所涉及的要求、方法、流程等做出规定，并对以下数据进行实时记录与定期保存。

（1）设备、加氢装置运行日志（运行参数、加注信息、音视频等）；

（2）维护保养记录；

（3）检验标定记录；

（4）安全监控系统数据（参数、音视频）；

（5）故障事故报废设备登记表；

（6）人员资质及培训记录。

操作人员在进行巡检、改变设备运行参数、充装车辆等操作时，需及时准确地将相关信息记录在运行日志中，确保信息记录的真实有效性。

9.9.6　安全检查要求

安全检查是落实安全管理要求、及时发现风险隐患的重要手段。加氢站建立有安全检查制度，对安全生产责任制落实情况、作业现场安全制度及操作规程执行情况、事故隐患整改情况等开展定期或不定期检查；对压力容器、安全附件、泄漏监测、火焰报警装置、计量器具、灭火器、防雷防静电等重要设备设施开展日常检查。对检查中发现的风险和隐患进行管控和治理，暂时无法消除的隐患，制定有效防范措施，如隐患不可控时立即停止运行，确保站点安全。

9.9.7　应急管理

加氢站建立有事故应急处置领导机构及各种应急处置预案，主要预案如下：

（1）火灾、爆炸事故专项应急预案；

（2）氢气泄漏专项应急预案；

（3）车辆伤害专项应急预案；

（4）自然灾害专项应急预案；

（5）特种设备专项应急预案；

（6）设备故障专项应急预案。

加氢站定期组织全体员工进行应急预案培训和演练，训练各岗位人员应急处置水平，提高事故应急响应速度和执行能力。

同时，加氢站建立有应急物资管理制度，配备防爆工器具、便携式氢气检测仪、应急照明灯、防爆手电筒、个人防护装备、防爆通信设备、急救药箱、各类安全警示标志牌、隔离警戒带、灭火器材等应急物资，每月对应急物资进行检查和维护，做好记录。

9.10 交通安全设施管理

（1）为保证氢能源有轨电车交通安全运营及道路交通功能，应结合氢能源有轨电车交通线路布置及沿线交通组织方案，设置完善的交通安全设施。

（2）氢能源有轨电车交通沿线交叉口、路段及场站出入口，宜根据有轨电车驾驶人和其他交通参与者通行需要，设置相关交通安全设施。

（3）交通安全设施主要包括交通标志、交通标线、交通信号设施、隔离护栏、反光道钉和闪光灯等。

（4）氢能源有轨电车交通专用车道应当设置相应的专用车道标志、标线、隔离栏。

（5）氢能源有轨电车交通非专用车道应当设置明显的行车提醒标志。

（6）当氢能源有轨电车交通线路与社会交叉线路交叉时，应在线路两侧设置安全防护和防侵入设施。

（7）氢能源有轨电车专用车道物理隔离前端应设置警示桩。物理隔离设施面向来车方向应间隔设置反光或发光的警示装置。

（8）在交叉路口应当设置有轨电车交通专用信号灯、停止线、警示标志、有轨电车交通车道线，并根据实际情况设立禁止超高、轴载质量超限车辆驶入有轨电车交通车道的标志、设施。

（9）在交叉路口有轨电车车辆限界范围内应施划黄色网状线。

（10）氢能源有轨电车通行区与人行横道相交的区域，应设置行人禁止驻足区。

（11）交通安全设施不得侵入道路建筑限界，且不得侵入停车视距范围内。

（12）氢能源有轨电车沿线路段采用立体过街方式时，立体过街设施应设置明显的禁止烟火及高空抛物等安全提醒标志。

（13）氢能源有轨电车采用地下或封闭隧道通行条件的，应在相应安装氢气监测装置并加强通风。

9.11 人员管理

9.11.1 一般要求

（1）运营单位应根据岗位工作标准，进行岗前和在岗操作技能培训及氢能源安全专项培训。对参与突发事件应急处置工作的人员，运营单位还应进行业务培训和定期演练。

（2）运营单位应制定年度培训计划，落实培训资金，开展相应培训，做好培训记录，建立培训档案。

（3）乘务、巡查和调度人员需满足下列要求：

① 经过培训，持证上岗；

② 定期健康检查，符合上岗要求；

③ 身体不符合任职岗位要求的人员，应调整工作岗位；

④ 按规定着装，正确佩戴服务标志，用语规范，服务热情；

⑤ 严禁酒后上岗。

（4）其他人员要求：

① 国家规定的特种作业、特殊工种应持证上岗；

② 对存在职业危害因素岗位人员，应按要求进行职业健康体检；

（5）建设单位或设备供货商，在与运营单位交接新设备前，应提供详细的使用手册、维护手册以及相关技术资料，并负责对该设备接管人员进行操作和维护的专业培训。

9.11.2 电客车司机

（1）任职要求：持有对应岗位等级资格证。

（2）上岗条件：按标准完成培训；通过岗位资格鉴定考试；通过上岗前鉴定考试。

（3）电客车司机应在具有培训资质的机构参加培训，经考试合格后，由公安机关交通管理部门发给有轨电车驾驶证。

（4）电客车司机应接受安全驾驶知识、行车设备设施、行车组织规程等内容的培训。上岗前应接受驾驶车型的基本构造、一般故障处理及所行线路的行车组织和应急处置等内容的培训。独立上岗前驾驶里程不少于 1 000 km。

（5）电客车司机应定期进行心理测试。

（6）电客车司机脱离驾驶岗位 6 个月以上或发生行车事故的，应进行身体检查和心理测试，并重新进行业务知识和安全知识培训，经考核后方可上岗。

9.11.3 调度人员

（1）任职要求：持有对应岗位资格证。

（2）上岗条件：按标准完成培训；通过岗位资格鉴定考试；通过上岗前鉴定考试。

（3）值班主任应由经验丰富的调度人员担任。值班主任应经过系统的岗位培训，具有行车调度岗位工作经验，熟悉电力调度等工作内容和流程，并持证上岗。

（4）行车调度人员应接受运营调度、行车组织、施工管理以及应急处理等内容培训。

（5）设备调度人员应接受设备设施维修管理、应急处置、抢修等内容培训。

（6）电力调度人员应接受安全作业、电力指挥、电力倒闸操作以及应急处置等内容培训，应持有高压电工进网证方可上岗。

9.11.4 客运服务人员

（1）任职要求：持有对应岗位资格证

（2）上岗条件：按标准完成培训；通过岗位资格鉴定考试；通过上岗前鉴定考试。

（3）客运服务人员应接受客运服务、票务处理、紧急救助、紧急设备操作以及应急处置等内容的培训。

9.11.5 涉氢操作人员

（1）涉氢单位的管理人员应接受具备相应培训资质的机构教育，并取得危险化学品经营单位安全生产管理人员证。

（2）涉氢单位的管理人员应接受具备相应培训资质的机构教育，并取得特种设备安全管理证。

（3）涉氢单位的车辆气瓶操作人员应接受具备相应培训资质的机构教育，并取得压力容器作业证（移动式压力容器充装）。

（4）涉氢单位的操作人员应接受消防安全、氢气特性及安全、应急处置等内容的培训，并考取氢能源内部证方可上岗。

9.11.6 其他人员

（1）设备设施维保人员应具有相关专业工作技能，熟悉岗位操作流程和工作要求。

（2）特种设备作业人员应参加专业培训并取得从业资格证，方可上岗。

（3）驾驶列车、操作信号或重要设备及办理行车作业的实习人员，应在专职指导人员的监督下进行实际操作。

（4）设备设施维保人员应接受相应专业安全作业、操作规程、维修规程、专业工具使用及应急处置等内容的培训、考试，并持证上岗。

9.12 安全管理

9.12.1 一般要求

（1）运营单位应设置安全生产管理机构，并明确组织架构及职责，保证安全生产条件所必需的资金投入。

（2）运营单位应按规定配备专职的安全生产管理人员，并根据需要配备兼职的安全生产管理人员。

（3）运营单位应建立健全安全生产责任制，实行安全生产目标分级管理，逐级落实安全生产目标责任，并加强监督考核。

（4）运营单位应加强从业人员劳动保护，做好防尘、防毒、防爆、防辐射、防噪声、防寒保暖和防暑降温工作，改善从业人员劳动条件。

（5）新建、改建、扩建等线路投入试运营前应通过试运营基本条件的认定。

9.12.2　安全管理制度

（1）运营单位应制定安全生产制度，使安全生产工作制度化、规范化、标准化。

（2）运营单位应实行安全事故责任追究制度，严格事故调查处理。

（3）运营单位应建立突发事件逐级报告制度，并及时报告发生的突发事件。

（4）运营单位应根据运营工作中发现的问题，及时对各类操作规程、制度进行复查、修订。

（5）运营单位宜每 2～3 年对各类操作规程、制度进行一次全面复查、修订。

（6）运营单位应严格限制可燃物品的使用，并制定可燃物品安全使用管理规定。

9.12.3　安全风险管理

（1）运营单位应针对人员、设施设备、环境和管理等运营安全的风险因素，建立重大安全风险台账，制定风险分级管控措施。

（2）运营单位应定期开展安全隐患排查，发现重大安全风险，应采取相应防控措施，并及时报告。

（3）在日常工作中，运营单位从业人员发现事故隐患或者其他不安全因素，应及时报告。

（4）运营单位应定期跟踪安全隐患整改情况，对重大安全隐患整改情况进行督办，及时跟进落实。

（5）运营单位应根据风险类型，建立运营安全评价体系。

（6）运营单位应定期开展运营安全评价工作，对涉及运营安全的关键因素，应分类分级进行评价。

（7）运营单位应规范安全隐患管理：

①运营单位应建立安全隐患管理制度，坚持定期开展隐患排查工作。

②运营单位应制定列车上线前的基本技术要求，以保证乘客服务设施齐全，安全设施符合列车运行要求；车辆应定期维护，保持技术状态良好，设备齐全。

③运营单位应组织对有轨电车交通系统关键部位和关键设备的运行监测工作，并针对重点部位和重大隐患，制定安全运营对策。

④安全隐患排查内容应至少包括安全生产责任制落实情况、试运营基本条件执行情况、运营安全保障情况、设备质量保证情况、规章制度健全和落实情况和安全教育培训情况等。

⑤应根据安全隐患类型，建立有轨电车交通系统安全隐患评价制度、安全隐患评价制度，应包括基础安全水平分析和风险影响分析。

9.12.4　氢能源安全管理

1. 制度要求

（1）运营单位应制定氢能源安全生产制度，使涉氢安全生产工作制度化、规范化、标准化。

（2）运营单位应制定氢能源事件专项应急预案，落实应急处置措施。

（3）运营单位应制定施工组织管理制度，保障涉氢区域各项安全施工的管控。

（4）运营单位应对场段区域进行划分，制定不同等级的管理区域，对氢气暴露危险进行分级、分类管理，区域间宜采用隔离措施，并制定相应管理制度。

2. 作业管理

（1）运营单位应制定氢能源安全操作规程，规范涉氢设备操作使用标准。

（2）涉氢场（段）应全面禁止吸烟、明火，在段场内组织动火类施工作业时，需充分考虑氢能源有轨电车特性，制定动火作业管理规定。

（3）运营单位组织施工时，应优先在正线、段场库房外等上方无遮挡、可见天空的开敞空间等区域开展，远离带氢设备。

（4）运营单位开展氢能源有轨电车检修时，应考虑氢气易燃易爆特点，制定管理规定。

3. 设备管理

（1）运营单位应于涉氢区域完善氢能标识标牌警示。

（2）运营单位应于涉氢区域入口制定氢能安全管控措施，设立电子设备存放点及静电消除仪。

（3）运营单位应加强人员涉氢作业保护，配置防静电服及防静电鞋/套/手套，保障从业人员劳动安全。

（4）运营单位应加强停车场内各消防设备的检查、检测，确保各类消防物资、设备完好、有效。

（5）涉氢区域作业应使用本身具有在工具与工件或设备等碰撞、摩擦时不产生火花的特性的防爆工具。

（6）涉氢区域严禁携带火种、非防爆电子设备、开机状态的手机、非防爆对讲机等设备进入。

4. 人员教育培训

（1）运营单位应制定氢能源安全生产教育培训计划，合理安排培训事项，认真组织实施。

（2）运营单位应对涉氢区域作业人员组织氢能源安全专项培训，未经培训或考核不及格的人员，不应进入涉氢区域。

（3）运营单位应定期开展涉氢突发应急演练，原则上每半年不得少于1次。

9.12.5 安全教育

（1）运营单位应建立健全安全生产教育培训制度，并认真组织开展安全教育培训工作。

（2）运营单位应制定年度安全生产教育培训计划，并合理安排培训事项，认真组织实施。

（3）运营单位应对从业人员进行安全生产教育培训，未经培训或考核不及格的人员，不应上岗作业。

（4）当采用新工艺、新技术、新材料、新设备时，运营单位应对相关岗位从业人员进行专门的安全生产知识和操作技能的培训。

（5）运营单位应及时开展典型事故案例分析，可将事故案例编制成册，深入分析事故成因并吸取事故发生的经验教训，强化安全教育，落实防范措施。

（6）运营单位应建立安全生产教育培训档案，并对各类形式的安全教育培训情况做好记录。

（7）运营单位应采取多种形式，结合氢能源特色向社会公众宣传安全知识，提高公众的安全意识。

9.12.6 安全检查

（1）运营单位应组织开展定期和不定期安全检查。

（2）安全检查可采用日常安全检查、定期安全检查、专项安全检查、季节性专项安全检查、节前安全检查和重大活动前安全检查形式。

（3）运营单位对安全检查中发现的各类安全问题，应制定整改措施，及时整改完成。

（4）运营单位应加强氢能源有轨电车保护区、加氢站的安全检查，做好保护区日常巡查及设备设施保护工作。

（5）安全隐患排查内容。

运营单位需依照《城市轨道交通运营安全风险分级管控和隐患排查治理管理办法》（交运规【2019】7号）要求，建立健全运营安全风险分级管控和隐患排查治理工作制度，保证经费投入，将城市轨道交通运营安全风险分级管控和隐患排查治理工作纳入年度安全工作计划并组织实施，确保运营安全风险分级管控和隐患排查治理工作得到有效落实。

基于城市轨道交通技术特点和行业经验，运营安全风险按照业务板块分为设施监测养护、设备运行维修、行车组织、客运组织、运行环境等。

① 设施监测养护类风险：桥梁、隧道、轨道、路基、车站、控制中心和车辆基地等方面的风险；

② 设备运行维修类风险：车辆、供电、通信、信号、机电等方面的风险；

③ 行车组织类风险：调度指挥、列车运行、行车作业、施工管理等方面的风险；

④ 客运组织类风险：车站作业、客流疏导、乘客行为等方面的风险；

⑤ 运行环境类风险：生产环境、自然环境、保护区环境、社会环境等方面的风险。

运营单位每年对所辖线路开展一次风险全面辨识，持续发现未知安全风险，并及时更新风险数据库。城市轨道交通新线投入初期运营和正式运营时，运营单位应同步组织开展风险全面辨识。初期运营期间，可视情增加辨识频次。遇到以下情况之一的，还应对特定领域、特定环节、特定对象开展风险专项辨识：

① 运营环境发生较大变化；

② 运营单位部门分工进行较大调整；

③ 发生运营险性事件；

④ 新设备、新技术、新工艺投用；

⑤ 车辆、信号等关键系统更新，以及车站、线路等改造后投入使用；

⑥ 法律法规、规章制度发生较大变化；

⑦ 需开展风险专项辨识的其他情况。

（6）安全生产责任制落实情况：

① 运营单位安全生产责任制体系建设和落实情况。

② 职工执行作业纪律、劳动纪律和标准化情况。

③ 安全问题整改、责任追究和考核情况。

（7）试运营基本条件执行情况：

① 已开通线路的试运营评审情况，包括组织流程的规范性和评审意见、报告等相关材料的完整性。

② 试运营评审发现安全隐患的整改落实情况。

③ 拟开通线路的试运营筹备情况。

④ 氢能源安全评估情况。

（8）运营安全保障情况：

① 土建设施、车辆、供电、通信、信号以及自动扶梯、屏蔽门与环境设备监控系统等机电设备的维修保养措施。

② 运营线路管理和安全保障措施。

③ 运输组织、应急处置和应急救援措施。

（9）设备质量保障情况：

① 车辆、供电、通信、信号、消防、防灾、报警和监控等系统设备是否满足运营安全要求。

② 信号系统设计是否具备故障导向安全功能。

（10）规章制度健全和落实情况：

① 法规制度和标准规范执行情况。

② 各专业、各岗位规章制度、作业标准、操作流程等建立情况。

9.12.7　常规应急管理

（1）运营单位应建立应急管理机构，配置专职人员，建立专、兼职应急抢险队伍。配备应急所需要的专业器材、设备，并定期维护保养，确保设备完好。

（2）运营单位应制定运营突发事件、公共卫生事件、自然灾害以及社会安全事件的各类应急预案。

（3）运营单位应针对不同类型预案，有计划进行应急演练，并参加其他部门的联动应急演练。

（4）应急预案编制应科学合理、内容完备、针对性和操作性强，并定期演练，应急预案主要应包括：

① 运营突发事件应急预案。运营单位应制定应对氢气泄漏（爆炸）、异物侵限、设施设备故障、火灾、列车脱轨、列车冲突和突发客流等的应急预案。

② 自然灾害应急预案。运营单位应制定应对地震、台风、雨涝、冰雪和地质灾害等的应急预案。

③ 公共卫生事件应急预案。运营单位应制定应对突发公共卫生事件的应急预案。

④ 社会安全事件应急预案。运营单位应制定应对人为纵火、爆炸、投毒和核生化袭击事件的应急预案。

（5）运营单位应根据有关法律法规和标准的变动情况、安全生产条件的变化情况以及预案演练和应用过程中发现的问题，及时修订完善应急预案。

（6）运营单位制定的应急预案遵循统一指挥、逐级负责、快速反应、配合协同原则，并明确以下内容：

①抢险指挥领导小组，负责抢险救援的组织、指挥、决策，指挥各部门实施各自的应急预案。

②确定不同事故情况下的抢险救援措施和人员疏散方案。

③现场处置过程中各部门的组织原则及工作职责。

④抢险信息报告程序应遵循迅速、准确、客观和逐级报告的原则。

⑤提供消防、通信、物资、医疗救护资源的保障措施。

（7）突发事件发生后，运营单位应根据事故类型启动相应的应急预案，迅速采取有效措施，组织抢救，防止事态扩大，减少人员伤亡和损失，在确保安全的前提下尽快恢复正常运营，并按规定及时报告。

（8）运营单位应设立统一的应急指挥中心，承担各类突发事件的指挥协调处置工作，或由运营控制中心承担应急指挥工作。

（9）运营单位在处置事故灾害过程中，应积极配合政府部门做好应急信息发布、交通管制、医疗救助和社会力量参与抢险的工作。

（10）遇有严重影响运营安全的突发事件，运营单位可停止部分线路运营，同时向社会公告，并报相关政府部门。

（11）运营单位应贯彻"安全第一，生命至上"的要求，当出现涉氢突发事件时，及时疏散人员，积极采取措施最大限度地减少人员伤亡和财产损失。

（12）涉氢事件处置完毕后，运营单位应采用现场监测与专业定期巡检相结合的手段对受影响区域连续进行检查监控，避免次生、伴生灾害发生。

9.12.8　综合安全管理

（1）氢能源有轨电车停车场段执行封闭式管理，24 小时不间断巡逻，严格执行人员和车辆检查制度，外单位车辆进场前必须进行开车门检查，停车场涉氢区域与非涉氢区域实行隔离管理禁止无关人员、车辆进入。

（2）氢能源有轨电车正线车站和氢能源有轨电车停车场段严格执行防疫措施，乘客必须佩戴口罩、出示健康码、测体温，确认无异常后方可进站乘车。

（3）氢能源有轨电车控制保护区范围：地面车站以及线路轨道结构外边线外侧 30 m 内；控制中心、车辆段建（构）筑物结构外边线外侧 10 m 内。每日开展 2 次全线路巡检，确保线路安全。

（4）氢能源有轨电车的特性，停车场库房需具备通风换气功能，为满足停车场库房要求，库房应采取通透式设计，墙面采用百叶窗设计，确保通风的同时又具备防雨功能。同时，库内设计水泵，当雨水倒灌水泵立即启动，保证库房具备良好的防汛功能。

氢能源有轨电车的可持续发展

10.1 氢能产业及氢能有轨电车的关系

10.1.1 氢能源技术发展展望

氢能产业发展初期，以工业副产氢就近供给为主，积极推动可再生能源发电制氢规模化、生物制氢等多种技术研发示范；中期，将以可再生能源发电制氢、煤制氢等大规模集中稳定供氢为主，工业副产氢为补充手段；远期，将以可再生能源发电制氢为主，煤制氢配合 CCS（碳捕捉与封存）技术、生物制氢和太阳能光催化分解水制氢等技术成为有效补充。各地将结合自身资源禀赋，兼顾技术发展、经济性以及环境容量，因地制宜选择制氢路线，预计 2050 年平均制氢成本将不高于 10 元/kg（见表 10-1）。

氢能储运将按照"低压到高压""气态到多相态"的技术发展方向，逐步提升氢气的储存和运输能力，预计 2050 年储氢密度达到 6.5wt%（见表 10-1）。

燃料电池系统技术发展将会有四个方向，一是持续开发高功率系统产品；二是通过系统结构设计优化提高产品性能；三是通过策略优化提高产品寿命；四是通过零部件优化以及规模化效应持续降低成本。预计 2050 年，系统的体积功率密度将达到 6.5 kW/L，乘用车系统寿命将超过 10 000 h，商用车将达到 30 000 h，固定式电源的寿命将超过 100 000 h。低温启动温度将降至-40 ℃，系统成本将降至 300 元/kW（见表 10-1）。

表 10-1 中国氢能及燃料电池产业技术路线展望

技术指标		现状（2019）	近期目标（2020—2025）	中期目标（2026—2035）	远期目标（2036—2050）
技术路线	氢能制取	氢气主要用于工业原料，由化石能源重整取，平均成本不高于 20 元/kg	因地制宜发展制氢路线，积极利用工业副产氢，大力发展可再生能源电解水制氢示范评价制氢成本不高于 20 元/kg	积极发展规模化可再生能源电解水制氢和煤制氢集中式供氢。平均制氢成本不高于 15 元/kg	持续利用可再生能源电解水制氢，大力发展生物制氢、太阳光解水制氢，"绿色"煤制氢技术。平均制氢成本不高于 10 元/kg
	氢能储运	35 MPa 气态存储；20 MPa 长管拖车运输	70 MPa 气态、低温液氢储存、固态储氢；45 MPa 长管拖车、低温液氢、管道（示范）输运；储氢密度 4.0wt%	低温液态、固态储氢；液态氢罐、管道输运；储氢密度 5.5wt%	高密度高安全储氢；氢能管网；储氢密度 6.5wt%

技术 指标		现状（2019）	近期目标 （2020—2025）	中期目标 （2026—2035）	远期目标 （2036—2050）
技 术 路 线	燃 料 电 池 系 统	比功率：3 kW/L； 寿命：>5 000 h；环 境适应性：-20 ℃； 成本：>8 000 元/kW	比功率：3.5 kW/L； 寿命：5 000 h(乘用车)、 15 000 h（商用车）、 20 000 h(固定式发电)； 环境适应性：-30 ℃； 成本：4 000 元/kW	比功率：4.5 kW/L； 寿命：6 000 h（乘用 车）、20 000 h（商用 车）、50 000 h（固定式 发电）；环境适应性： -30 ℃；成本：800 元 /kW	比功率：6.5 kW/L； 寿命：10 000 h（乘 用车）、30 000 h（商用 车）、100 000 h（固定 式发电）；环境适应 性：-40 ℃；成本：300 元/kW

10.1.2　氢能装备生产制造情况

我国正在兴起的以燃料电池车辆、燃料电池发电装置为代表的氢能产业发展迅速，为氢能装备制造业创造和孕育了巨大的潜在市场。我国将发展氢能提升到国家战略层面，制定战略规划路线图，探索产业化发展途径。氢能产业链与上下游相关产业关联度大，上游包括氢气制备，主要技术包括化石能源重整制氢、工业副产气制氢、电解水制氢等；中游涉及氢气的储运环节，主要技术方式有气态储运、低温液态储运、固体储运、高压气态储氢、有机液态储运等；下游涉及氢气的应用环节，如交通运输、工业燃料、分布式发电等。氢能产业发展对全产业链的装备制造业的影响非常大，主要表现在四个方面：一是推动可再生能源的有效利用和氢气制备相关装备制造业的发展；二是推动储氢罐、加氢站基础设施等装备制造业的发展；三是推动长管拖车、液氢运输等装备制造业的发展；四是推动燃料电池汽车产业及核心零部件装备制造业的发展。

国际能源署、国际可再生能源署在 2019 年分别提到，到 2030 年，可再生能源发电生产氢气的成本将大幅下降（可能下降 30%），氢能将在全球实现大规模利用，可再生能源制氢的"绿氢"将成为最主要的氢源。发展"绿色"氢经济符合中国生态文明建设的要求。中国已成为世界上可再生能源发电装机容量最大的国家，但与此同时，约有 15% 左右的可再生能源因不能并网而被浪费。消纳相对过剩的可再生能源制氢，不仅降低成本也更环保。氢能市场发展远期（2050 年左右），中国能源结构将从传统化石能源为主转向以可再生能源为主的多元格局，氢能未来发展空间广阔，可以与电力一起发挥重要作用，提供交通运输、电力系统、供热和工业服务的多功能性。

当前，我国氢能产业核心部件与设备大多依赖进口，这为产业持续健康发展带来风险。自 2019 年我国已布局"可再生能源与氢能技术"国家重点研发计划，从技术布局对比看，我国氢能产业具备一定的技术储备能力，且基础研究实力强大，当前迫切需要提高技术与产业配套的试验能力，宜发挥国内氢能产业基础研究优势，集中产业上、中、下游优势科技和产业主体力量，在氢储运装备、燃料电池关键部件上尽快提高国产化水平。长远来看，技术的创新突破是推动氢能产业可持续发展的核心动力，我国仍需持续投资关键技术研发，促进从基础研究、关键技术攻关、应用示范到产业化转化的创新能力提升，保障国家氢能产业核心技术全面和自主。

10.1.3 氢能产业链发展情况

目前，国内形成京津冀、华东、华南以及华中四个区域性产业集群。四大氢能产业集群覆盖了氢能的制氢、储运及应用等领域。其中，氢燃料电池以及氢燃料电池车是重要的发展方向，并以此形成各自的产业配套、商业应用模式等。目前，全国各地加快布局氢能产业，除了湖南株洲以外，浙江嘉兴、广东广州等地纷纷规划、建设加氢站及相关基础设施，全国氢能产业布局加快。据不完全统计，截至 2020 年 5 月，已运行及在建的氢能产业园中，华东地区布局的氢能产业园区数量最多，达到 18 个；其次为华南地区，氢能产业园达数量到 6 个；华北地区氢能产业园数量为 5 个；东北地区、西南地区各为 2 个；西北地区有 1 个氢能产业园。

氢燃料电池在轨道交通中的应用方面，2019 年年底，国内首条商业运营的氢能源有轨电车在佛山市高明区开通。目前，佛山南海区、成都新都区等地亦在规划氢能源有轨电车线路。

目前，佛山市正不断推进氢能源在交通等领域的应用，高明氢能源有轨电车对于城市产业结构的调整、促进上下游产业的发展有着明显的牵引作用。同时，根据规划，目前用于为高明有轨电车提供加氢服务的加氢站，后续将进一步为氢能源公交车等路面交通工具提供加氢服务，实现加氢站的资源共享。加快氢能源产业的发展，为城市提供零污染的出行方式是高明氢能源有轨电车最重要的作用，也是最突出的优势。

成都新都区城市轨道交通规划建设工作对新都城市价值提升、带动新区开发建设、解决市民出行的交通等方面具有重要意义。成都新都区正加快轨道交通的布局步伐，提升城市、土地价值，并希望通过氢能源有轨电车应用方案进一步加快引进相关研究、生产配套企业和机构，将 5G、智能检测等产业引进现代交通产业功能区，实现产业价值提升。氢能源有轨电车应用方案在建设城市轨道交通规划建设中充分考虑了项目的景观形象、经济发展等对城市建设发展的长远影响，突出了轨道交通产业发展和运营技术的运用。

国家发展改革委在《能源生产和消费革命战略（2016—2030）》指出，推进能源生产和消费革命，有利于增强能源安全保障能力、提升经济发展质量和效益、增加基本公共服务供给、积极主动应对全球气候变化、全面推进生态文明建设，对于全面建成小康社会和加快建设现代化国家具有重要现实意义和深远战略意义。把推进能源革命作为能源发展的国策，筑牢能源安全基石，推动能源文明消费、多元供给、科技创新、深化改革、加强合作，实现能源生产和消费方式根本性转变。未来，氢能产业受政策利好支持发展，氢能产业园区数量及规模将不断扩大。同时，氢能源汽车、氢能源轨道交通的应用将助推氢能产业园发展，是氢能产业园重点布局的产业链中十分重要的一环。

10.1.4 氢能源有轨电车发展前景展望

氢能源被视为 21 世纪最具发展潜力的清洁能源。氢燃料电池被认为是利用氢能，解决未来人类能源危机的终极方案。氢燃料电池具有高效、高能量密度的突出优点，整个反应过程唯一产物是水，真正的"零"排放，绿色环保。氢燃料作为一种新型清洁能源，是当前全球新能源开发利用的主流方向之一。氢燃料电池技术已在汽车业得到商业化运用，而在轨道交通领域尚处早期阶段，未有成熟的应用，尤其在有轨电车领域曾经一直是空白。直到 2015 年 3 月 19 日世界首列氢能源有轨电车在青岛下线。该车的问世填补了氢能源在全球有轨电车领域应用的空白，也使中国成为世界上第一个掌握氢能源有轨电车技术的国家。

氢能源动力有轨电车采用氢燃料电池作为动力源，全线无接触网、变电所等系统。既解决了常规有轨电车需要架设接触网的问题，又突破了普通储能式有轨电车续航里程短的瓶颈。氢能源有轨电车采用氢燃料电池作为动力源，它的功能相当于一个"发电机组"，即在车载氢燃料电池堆里，通过氢和氧相结合的化学反应产生电流，源源不断输送电能来驱动电车。氢燃料电池具有高效、高能量密度的突出优势，车辆加满一次氢只需要 3 min，就可持续行驶 100 km，最高运行速度可达 70 km/h。按照目前国内有轨电车线路平均 15 km 的里程计算，氢能源有轨电车加注 1 次氢，至少可以来回跑 3 趟。氢能源有轨电车有如下优点：无接触网、变电所等系统；安全性好、可靠性高、维护量小、造价较低、建设周期缩减、城市景观影响较小；不依赖外部电源，系统运行相对独立，可控性较好。氢能源除氢能使用自身的环保性，其对工业废氢及用电低峰电能的利用等也将产生巨大的环保和经济效益。因此，国内外各地均表现出对氢能源有轨电车的极大兴趣。

1. 唐山氢能源有轨电车

唐山氢燃料电池有轨电车采用了 100%低地板技术，车厢地板距轨道面仅 35 cm（大约小保温瓶的高度），最小转弯半径仅 19 m，可沿现有城市道路直接铺设轨道，并且在地面行驶和停靠，无需站台，乘客轻松搭乘（见图 10-1）。根据中车唐山公司介绍，这辆氢燃料电池有轨电车采用了 2 动 1 拖 3 辆编组，共设置乘客座位 66 个，最大载客量为 336 人，可根据当前的运营需求增加或者减少编组和载客量。

图 10-1　唐山氢能源有轨电车

唐山氢燃料电池有轨电车可以在最高速度持续运行，每当在制动或者停站时，燃料电池和制动能量回收系统都能为超级电容和蓄电池充电，能量回收率达 30%以上。当前这列列车的运营全程为 13.84 km，最高运行速度为 70 km/h。

2. 高明氢能源有轨电车

佛山市高明区现代有轨电车示范线位于高明区荷城街道辖区内，联系荷城城区、西江新城及富湾片区。示范线首期工程范围为沧江路站～智湖站，线路长约 6.57 km，设车站 10 座，平均站间距约 640 m，于荷富大道东侧、智湖西北侧地块内设车辆基地 1 座，加氢站 1 座。

列车采用氢燃料电池供电，全线无接触网。牵引系统额定工作电压 DC 750 V。列车配置 6 个储氢气瓶，储氢瓶额定工作压力 35 MPa，额定充装体积为 140 L/个，共可储氢约 19.5 kg。

车辆总长度 35 190 mm，宽度 2690 mm，高度 3900 mm（含车顶设备箱）。其中，带司机室的动车模块长 9290 mm。列车采用三模块编组，四组转向架，动拖比例为三动一拖。列车编组形式：=MC1+M1+TMC2=（=：车钩，+：铰接装置，MC1：带司机室及动力转向架的模块，M1：带有动力转向架的模块，TMC2：带司机室及动、拖转向架的模块）。

图 10-2

3. 里水氢能源有轨电车

南海区有轨电车里水示范段工程项目线路始于规划里湖新城中轴线里湖新城站，线路沿里湖新城中轴线—环镇北路—草场工业大道—里广路敷设，止于里横路站。线路全长 9.834 km，其中地面段 7.063 km，地下段 1.24 km，高架段 1.531 km。全线共设车站 13 座，其中地下站 1 座，地面站 12 座，与地铁换乘站共 2 座，在岗美站与佛山地铁 8 号线换乘，在里横路站与广州地铁 12 号线换乘，设定修车辆段 1 座。

里水采用钢轮钢轨制式、100%低地板、氢能源燃料电池现代有轨电车，最高运行速度 70 km/h。

4. 阿尔斯通公司的 Coradia iLint 氢能源有轨电车

阿尔斯通公司的 Coradia iLint 是欧洲首辆燃料电池列车（见图 10-3）。Coradia iLint 列车由德国萨尔茨吉特和法国塔布的阿尔斯通团队开发和生产，2017 年 3 月，在德国完成首次试跑，2018 年初完成载人测试。目前，Coradia iLint 列车已经在德国布克斯胡德市–库克斯港市线路上成功运营。

图 10-3　Coradia iLint 列车

　　阿尔斯通比荷卢经济联盟常务董事贝纳德·贝尔沃（Bernard Belvaux）认为：在荷兰进行的测试表明，我们的氢能列车在可用性和可靠性方面已经达到了成熟水平，与传统的区域性列车具有相同的性能。同时，受益于低噪音和零排放，它也很容易集成到现有车队中，并且符合所有安全法规。Coradia iLint 氢动力火车是可靠的、完全无排放的火车，它将为欧洲铁路减少碳排放做出杰出贡献。

　　5. 日本氢能源有轨电车

　　JR 东日本公司宣布，该公司将利用氢能源燃料电池以及蓄电池开发出混合动力型列车（见图 10-4）。预计将在 2021 年度完成开发，然后会进行三年时间进行测试，以验证其安全性和行车性能。

图 10-4　JR 东日本混合动力型列车

　　JR 东日本公司计划研发的氢能源燃料电池混合动力列车采用两节编组设计，最高速度为100 km/h，这一列车将利用氢气与氧气反应为车载的锂离子电池充电，电池贮藏的电量可以驱动列车。据了解，JR 东日本将会把储氢罐置于列车车顶。

JR 东日本在 2006 年开发出 "NE Train"，为全球首辆利用燃料电池发动的铁路车辆，但补满氢气最长可行驶距离仅为 70 km 左右。而这次开发利用高压氢气，预计行车距离约可达 140 km。

10.2 影响氢能有轨电车发展的关键因素

10.2.1 氢能在交通领域的相关政策及标准

"十四五"规划中明确提出："培育先进制造业集群，推动集成电路、航空航天、船舶与海洋工程装备、机器人、先进轨道交通装备、先进电力装备、工程机械、高端数控机床、医药及医疗设备等产业创新发展"，"推进城市群都市圈交通一体化，加快城际铁路、市域（郊）铁路建设，构建高速公路环线系统，有序推进城市轨道交通发展"，表明国家在接着的五年内将致力于开发先进轨道交通装备，以及大力发展城市轨道交通线路。

现阶段，我国经济正处于快速发展阶段，城市发展向城市群（待、圈）扩张，还有我国城市交通拥堵整体处于上升趋势，尤其是大城市拥堵率不断加速，这种状况需要加速建设大运量的地铁、轻轨、有轨电车以及磁悬浮列车等先进的轨道交通运输工具。这些先进的轨道交通运输工具，不仅承载的旅客人数多，出行安全快捷，而且其在能源的使用上绿色环保，可以说是满足当前我国轨道交通运输发展的最好工具。

当前城市轨道交通发展，不仅要求轨道交通工具具有载客量大、运行安全、准确性高等特点，它还强调在快速解决城市交通拥挤的前提下，可以兼顾环境问题，并且要采用新技术、新能源，保证绿色出行和环境的可持续发展。利用新能源技术，采用绿色、快速的氢能轨道交通车辆必将成为我国轨道交通产业的重要发展方向。

氢气虽是清洁能源，但由于带有易燃易爆属性，国家应急管理部门将其纳入危化品管理范畴，制氢、运氢、储氢和用氢等各个环节发展都受到严重制约。

以制氢环节为例，根据我国资源分布特点，现阶段各地因地制宜，采取多样化工艺生产获取氢气气源。生产模式主要有两种：一是集中规模化制氢模式；二是油氢、油气氢、油电氢等合建一体站模式。其实两者都面临氢气生产制备只能在政府主管部门划定的化工园区的困难。在谈"化工生产"色变的今天，新增化工园区以促进制氢行业发展，实属不易。氢能有轨电车作为用氢环节的一端，有环保、稳定、经济等各方面考量因素，自然受着氢气行业发展的制约。

2020 年 4 月 10 日，国家能源局发布的《中华人民共和国能源法（征求意见稿）》中首次将氢能列为能源范畴。虽然氢能在《意见稿》中的表述有限，氢气制备、运输、储存、使用、管理等环节亟待可操作性措施，但国家层面已着手确定氢气的资源属性，解除危化品管理对氢能行业发展的制约，相信氢能安全管理模式经过几年摸索后，将会更能贴合社会交通、轨道交通等应用所需。

目前，氢能源有轨电车车辆在规划设计、生产制造、调试验收、运营维护等各个环节都无专门的标准。车辆的非涉氢模块主要是参照传统有轨电车相关标准来执行的。

在涉氢模块方面，氢能源有轨电车增加氢燃料电池驱动应用在钢轮钢轨车辆上的独立第三方安全认证，委托莱恩公司对氢能源有轨电车氢动力系统进行了独立的安全评估，出具了《氢能源混合动力有轨电车氢动力系统独立安全评估最终评估报告》。对于氢燃料电池驱动的安全隐患，参照燃料电池电动汽车安全要求的国家标准和车辆供货商企业标准，完善驱动单元和整车与安全相关的型式试验和例行试验；对储氢冷却模块进行了气密性试验、泄露试验并对其电气功能和供氢压力进行测试，出具了《储氢冷却模块检测报告》；并对氢能源有轨电车整车的安全、性能、使用、保养等方面进行检验，出具了《氢燃料混合动力有轨电车检验报告》。

10.2.2　氢能有轨电车技术发展

1. 制氢、加氢的制约因素及技术创新

（1）地方氢气产能受限。

氢气制取一般采用化石能源重整制氢、工业副产气制氢、电解水制氢等三种较为成熟生产工艺。由于国内氢能产业尚处于市场导入阶段，除少量的气体公司外，市场化供氢渠道有限。工业副产气制氢成本较低，接近消费市场，是现阶段较为有效的供氢主体。地区工业副产气制氢的产能规模，很大程度上就决定了当地氢能产业发展的进程。

以广东佛山氢能产业为例，2018 年全市投入运营 300 辆氢燃料电池汽车、2 座加氢站；2020 年，购置上牌氢能公交车 1 000 辆，投运氢能物流车 448 辆，氢能客车 3 辆，建成加氢站 24 座，其中已投入运营 17 座。三年间，佛山投入运营的氢燃料电池汽车和加氢站分别增长了 5 倍和 8 倍，氢气需求量则随之大幅增加。珠三角地区制氢企业本来屈指可数，据 2019年行业统计数据，采用丙烷脱氢制氢的东莞巨正源公司是唯一一家上榜的华南企业，其年产量 2.8 万吨/年。截至 2021 年 3 月，巨正源未能按期正常投运，珠三角地区氢气出现严重的供需失衡，部分加氢站唯有从邻近的江西、福建调配氢气，佛山市加氢价格已经由 60 元/kg 涨到 80 元/kg。无论是加氢站还是氢能车辆运营企业，运营成本或达到极限或亏本，氢气产能规模产生的制约作用已凸显出来。

目前国内仅有佛山市投资建设了两条氢能有轨电车示范线路，氢能产业若想破局，在轨道交通行业地方健康、快速地发展，氢气产能是不得不面对的首要难题。

（2）列车能量密度低，加氢时间长。

氢能有轨电车与其他现代有轨电车很大不同在于，它需要间歇性补偿氢气作为能源供给，所以较为理想的能源供给方案是，加氢一次满足列车一天运营里程。

国内氢能有轨电车研制成功的不多，有西南交通大学研制的我国第一辆氢燃料电池电动机车"蓝天"号、西南交通大学主持研发的唐车氢燃料混合动力有轨电车以及青岛四方研发设计的高明氢能有轨电车。目前，仅有高明氢能有轨电车投入商业运营，一些技术参数得到很好的验证。高明氢能有轨电车，采用 200 kW 巴拉德 FCvelocity-HD7 燃料电池模块，装载氢气瓶为 140L*6 个（35 MPa），储氢容量为 20 kg，续航里程的年平均值为 76 km，若每天行驶 200 km，需返回加氢站加氢 3～4 次/天。单列车加氢需时 10～30 min，加上折返时间、备车时间，每次加氢往返需预留起码 60 min 时间。氢能有轨电车线路相较于传统轨道线路发生了改变：一是增加备用车辆满足加氢周转需求，二是加氢作业成为行车调度日常重点工作内容。随着往后氢能行业储氢技术发展，更高压、更轻便的储氢方式投入使用，列车能源密度、续航里程进一步提高，加氢频次将会降低，氢能有轨电车生产管理更趋简易化。

2. 燃料电池的技术发展

氢能源有轨电车采用氢燃料电池作为动力源，它的功能相当于一个"发电机组"，即在车载氢燃料电池堆里，通过氢和氧相结合的化学反应产生电流，源源不断输送电能，驱动电车。氢燃料电池具有高效、高能量密度的突出优势，车辆一次加满 6 个 140 L 的储氢瓶氢只需要 10 min，就可持续行驶 100 km，最高运行速度可达 70 km/h。

燃料电池发电相对接触送电和电容储能的供电方式有着电力设备投资少和不受牵引供电制约的技术特点。

氢燃料电池集齐极高的能量密度、无限种可能的系统容量、无需充电三种特征。

系统容量方面，与发动机相似的属性让氢燃料电池的容量具备无限种可能。在氢燃料电池发电的过程中，氢气会源源不断从氢气罐进入电池系统，再生成水不断排出。在电池系统大小不变的情况下，只要储存氢气的容器足够大、氢气能装得足够多，氢燃料电池的系统容量也就能不断扩大。

充能方面，由于氢燃料电池不需要把电储存在电池里，因此不需要进行充电。其充能原理更像是传统燃油车，3 ~ 5 min 充满氢燃料后，单次行驶里程就能达到 400 ~ 700 km。此外，氢燃料电池的另一大好处是不存在机械传动部件，在整个发电的过程中不会产生任何噪声。

10.2.3　氢能有轨电车的优势

氢能源供电制式的有轨电车线路建设不用大量铺设供电电网和牵引变压所，较其他供电制式的有轨电车线路建设具有周期短、成本低、性价比高等特点，对道路及城市空间布局影响较小，可提升城市品质和形象。

氢能源有轨电车车辆无受电弓，供电系统为列车自带氢动力供电系统，相较于传统有轨电车，氢能源有轨电车不依赖外部电源，系统运行相对独立、可控性较好。氢动力供电系统并非直接燃烧氢气，而是通过燃料电池转化为电能，储存在车载电池中，再用电驱动车辆运行，相对于其他供电制式有轨电车，氢燃料电池具有高效、高能量密度的登突出优势，续航能力较强。

氢能源有轨电车车辆可实现无污染，全程"零排放"，氢能源燃料发电过程相当于电解水的逆过程，唯一产物是水，不会产生有害化学物质。同时氢能源有轨电车动力源反应过程唯一产物是水，达到真正的"零"排放，实现低碳绿色环保，符合国家"碳达峰"和"碳中和"等目标要求。

参考文献

[1]   姚之浩. 国外有轨电车交通的发展与启示[J]. 上海城市规划，2011（6）.

[2]   王艳彩，黄欣. 现代有轨电车的地区适用条件[J]. 交通标准化，2011（2）.

[3]   肖振瑶，刘斌. 现代有轨电车的发展及其适用性分析[J]. 交通世界，2013（10）.

[4]   徐正和. 现代有轨电车的崛起与探索[J]. 现代城市轨道交通，2005（2）.

[5]   高继宇. 现代有轨电车行车组织设计相关问题分析[J]. 科技信息，2012（32）.

[6]   黎霞. 上海有轨电车史话[J]. 上海档案，2013（9）.

[7]   吴其刚. 现代有轨电车系统发展的重难点及对策研究[J]. 铁道工程学报，2013（12）.

[8]   王波，明瑞利，贺方会. 现代有轨电车系统分析与规划要点[J]. 都市快轨交通，2012，25（3）.

[9]   蒋应红. 现代有轨电车系统在国内的发展前景探讨[J]. 交通与运输，2012，2（1）.

[10] 唐森，马韵. 现代有轨电车在城市区域内的适应性[J]. 上海交通大学学报，2011，8（45）.

[11] 王铁成，李生鹏. 浅谈沈阳浑南有轨电车工务维修策略[J]. 科技风，2013（8）.

[12] 丁强. 现代有轨电车交通概述[J]. 都市快轨交通，2013（6）.

[13] 曹颖. 沈阳有轨电车建筑设计的思考[J]. 都市快轨交通，2013（6）.